350 copies printed on Barcham Green hand-made paper by Walter Lewis at the University Press, Cambridge

BURCHARDUS DE BELLEVAUX
APOLOGIA DE BARBIS

Apologia de barbis ad nutritos

Pologia. b. abbis belleuallis ad
fres de roseris. ad conseruatione bar
barū. z salute os
artbilog forsitan
dicar. quia de bar
bis facio sermonē.
barbisonantem. Est
aut apologetic ille
sermo de barbis uris
ris. qui accusar tu
apud uos. q in bar
bas uras denunti
auerim anathema combustionis.

Absit a me. ut uenerit in mente meam
tam barbata cogitatio. barbas uras optare

BURCHARDUS DE BELLEVAUX

APOLOGIA DE BARBIS

Nunc primum

Ex MS. Add. 41997 Musaei Britannici

Edidit

E. PH. GOLDSCHMIDT, M.A.

CANTABRIGIAE

TYPIS ACADEMIAE

MDCCCCXXXV

Omnis ludus movet risum, et
omnis risus habet gaudium.
Propterea de barbatura et imberbio propter ludum sapientiae rident homines, sed alii
rident cum iocunditate ad
laudem et honorem et gloriam
sapientiae, alii rident cum
iocositate ad incrementum et
propalationem stultitiae.
(Burchardus Bellevallensis,
Sermo III, cap. 8.)

Librum novum, librum omnino ignotum invenire in
diebus hodiernis, cum magnarum et parvarum bibliothe-
carum copiosae accumulationes summa cum sedulitate
perscrutatae et elenchatae existant, rarum est; immo ra-
rissimum textum spectabilis antiquitatis, laudati auctoris,
singularis argumenti offendere, qui non sit editus vel ad
minus in certis codicibus notatus, aut de cuius persis-
tentia nullum prorsus vestigium hucusque apparuisse
videatur.

Quod tamen contigit mihi, cum annis abhinc sex apud
Gebennam Helvetiae in armariis bibliopolae cuiusdam
libellum hunc tenuem et minoris formae inspexerim,
miratus sum ut rem curiosam et ulteriore investigatione
dignam, ut emerim et ex post studiose examinaverim.
Quem paulo post, facta summa cum diligentia examina-
tione, cum citra dubium textum vere unicum et incognitum esse constaret, ipse bibliopola, Musaeo Britannico vendidi, non sine promissione ultro concessa quod
mihi, si otium vacaret transcribendo, gloriolam propa-
landi primam editionem attingere liceret.

Ecce prodit Burchardi Barbilogia cuius argumentum
de dignitate et significatione barbarum haud commune,

v

cuius sermo et compositio non sine elegantia, cuius auctor utpote S. Bernardo Clarevallensi amicitia coniunctus minime obscurus.

Auctoris persona ex superscriptione sine ambiguitate desumenda elucescit: "Apologia B. abbatis Bellevallis ad fratres de Roseriis ad conservationem barbarum." Ambo haec monasteria sunt Cisterciensis ordinis in Bisuntinensi dioecesi sita, quorum primum, vulgari sermone *Bellevaux*, anno 1120 conditum, alterum, vulgo *Rosières*, in monte Iura paulo post, anno scilicet 1133, fundatum, quasi domus affiliata Bellevalli cum monachis inde accersitis exordium habuit. Abbas iste B. procul dubio est ille Burchardus, qui sub S. Bernardo in Clara Valle ordinem intravit, postea in novam domum Balerne, anno 1136 conditam, primus abbas deputatus, anno 1156 mortuo Pontio primo abbate ad Bellevallem translatus est, ubi officium abbatis continuo gerens anno 1163 ultimam diem obiit. De hoc Burchardo, cum cognomine "de Balerne", notitiam invenies a cl. v. Daunou compilatam in Histoire littéraire de France, vol. XIII (1814), pp. 323–4. Exstat inter epistolas S. Bernardi una, 146ta videlicet, ad Burchardum nostrum scripta quae in Patrologia latina legitur vol. CLXXXII, p. 305. Idem Burchardus brevem memoriam amici sui quasi appendicem addidit Vitae S. Bernardi a Guilelmo abbate S. Theodorici conscriptae (Patrol. lat. vol. CLXXXV, p. 266) in qua Guilelmum nuper demortuum (non post 1148) laudibus extollit et S. Bernardo maxima amicitia coniunctum fuisse testatur.

Praeterea nonnisi unica epistola impressa invenitur quam ipse abbas Balernensis ad Nicolaum Clarevallensem dictavit, quae quidem una cum istius responso in

Patrol. lat. vol. cxcvi, p. 1605, legitur. Quae epistola, quamvis argumento aliquo aut communicatione ulla omnino carere videatur, tam raro dicendi genere, tam exquisitis locutionibus, tanta copia vocum inusitatarum insignitur, ut dictamen eiusdem Burchardi plane appareat. Exorditur videlicet:

"Hac vice primo in simplici stylo recipe me, et sine modo ut quadam compositione graduum liceat ascendere ad animal primum pennatum implumi bestiolae."

Amplificata hac comparatione amici cum aquila, sui ipsius cum "bestiola implumi" prosequitur his verbis:

"Si talpa est, quomodo cum cervo saliet? Si cicada, quomodo citillabit ad oloris melodiam?"

En procul dubio ipsissimus stilus "Barbilogi" nostri, eadem praedilectio verbi rarioris, eadem libertas componendi vel potius creandi voces novas quarum significatio nihilominus aperte intelligitur.

Haec est enim, ni fallor, virtus primaria, quae libellum istum in temporibus nostris editione dignum efficit, ista latinitas curiosa, ista facilitas utendi lingua latina non solum erudite sed ut sermone quasi nativo et vivaci. Nec dubito quin studiosi infimae latinitatis, qui renovandi Glossarium Ducangii operam navant, in opusculo nostro nonnulla notatu digna metant.

Codicem unicum, qui nunc in Musaeo Britannico cod. MS. add. 41997 signatur, admodum pulchris litteris et eximia cum correctione exaratum auctori contemporaneum non dubium, autographum auctoris esse haud improbabile est. Optima conservatio tredecim quaternionum extantium, sed deficit conclusio. Cum vero auctor iam omnia loca s. scripturae in quibus de barbis

vii

agitur, omnia genera et diversitates barbarum et ipsum statum barbarum post hanc vitam tractaverit, suspicari licet paucas modo paginas esse deperditas.

Occasio sermocinandi de barbis Burchardo nostro adfuit, ut in initio et postea passim enuntiatur, commotio inter fratres conversos propter litteras quasdam exorta paulo ante ab abbate editas, in quibus turbatoribus concordiae et dissidiosis quibusdam "combustionem barbarum" minatus erat. Haec verba animos fratrum barbatorum in Roseriis vehementer excitasse videntur, ita ut de sorte barbarum suarum maximo timore affligerentur. In ordine enim Cisterciensi praeter monachos fratres laicos adscisci in usu erat, qui laboribus manualibus, praesertim agris colendis intendebant, et, ut nullo modo clericis adnumerati, nec tonsuram subibant nec barbam radebant. Vide Ducange, s.v. Barbatus:

"Fratres barbati, sic appellati ut plurimum 'Fratres conversi' in monasteriis quod, contra quam monachi voto astricti, barbam nutrirent. Vide: Exordium ordinis Cist. cap. xv: Tuncque definierunt conversos laicos barbatos ex licentia episcopi sui suscepturos...."

Unde apologeticus sermo iste de barbis nonnulla scitu digna de vita monastica illorum temporum attingit, et de moribus in genere et clericorum et laicorum notas quasdam haud negligendas praebere dinoscitur, ut e.g. quae in p. 89 legimus verba de clericis et religiosis qui *de recenti* barbas radunt, unde desumendum videtur consuetudinem imberbii presbyterorum XI saeculo in generalem usum venisse. Quae clausula non solum pro curiositate sua notanda videtur, sed etiam insignem demonstrationem afferre valet hunc librum per saecula

prorsus ignotum delituisse, cum in tanta copia tracta-
tuum qui de sacerdotum barbis et de barbarum historia
ex occasione praesertim disputationis de Capucinorum
barbis et Minorum imberbio prodierunt, opera quidem
praemagna et omnimoda eruditione referta,* nullibi
Burchardi nostri aut huius testimonii mentio sit facta.

Praetereo multa quae libelli istius lectionem pro
rationibus diversis et pro studiis variis haud inutilem
reddere possint, utpote de methodo sermocinandi, de
usu allegandi et interpretandi sacram scripturam, de in-
fluentia ratiocinationis scholasticae in paraeneticos, de
mystica theologia XI saeculi, de tot et tantis aliis rebus
paululum quid scitu dignum afferre videtur. Confiteor
tamen quod ego quidem propter iocositatem et risibilem
delectationem maxime, nec ita ad promovenda studia
graviora, lectionem avide perduxi ad finem et munus
edendi suscepi. Itidem oro lectores, ut non tam gravi
vultu et erudita industria perlegant, ut severitatem iudi-
candi de insufficientia nostri laboris seponant, et editori
minus docto ignoscant qui iucunditatis causa non ad
augmentum scientiarum, ad occupandum otium potius
quam ad illustrandam historiam barbarum hoc opus-
culum exhibere ausus est.

Nec unquam in lucem prodiisset haec editio, cuius
praeparationi et debitae annotationi ignorantiam et im-
peritiam meam minime sufficere satis persuasum habeo,
nisi amici doctiores me tam consilio quam auxilio im-
pulissent et adiuvassent. Inter quos nominatim Ray-
mundo Klibansky, qui publicationem festine complen-

* Vide e.g. J. Pierii Valeriani Pro sacerdotum barbis, 1529,
et insignem librum (Fangé) Mémoires pour servir à l'histoire
de la barbe, Liège, 1774.

dam postulavit, Georgio Gordon Coulton, collegii
diui Johannis socio, qui cum syndicis preli Cantabri-
giensis rem agere promisit et peregit, Friderico Saxl,
instituti Warburgici Londinensis directori, qui labori
meo non modo praeceptis suis sed et libris praestitis
fautor adfuit, ultimo sed non minimo loco amicissimo
Stephano Gaselee, ministerii rerum exterarum scriniario
et bibliothecario, qui rubiginosam latinitatem meam
corrigendam et expoliendam curavit, debitas gratias
referre volo.

E. PH. G.

Scribebam Londinii in domo in qua clarissimus
    Laurentius Sterne ultimam diem obiit.
      Kal. Oct. MDCCCCXXXV.

APOLOGIA DE BARBIS
AD CONVERSOS

Apologia B. abbatis Bellevallis ad fratres de Roseriis
ad conservationem barbarum etc. Salutem.

Barbilogus forsitan dicar, quia de barbis facio sermonem
barbisonantem. Est autem apologeticus iste sermo de
barbis vestris, fratres, quia accusatus sum apud vos, quod
in barbas vestras denunciaverim anathema combustionis.

Absit a me ut venerit in mentem meam tam barbara 5
1b cogitatio barbas vestras optare comburi. Non vere
locutus est in barbam suam qui male interpretatus est
barbarum anathema de barbis vestris. Sicut excluse
enim sunt barbae nostrorum vel quorumlibet fratrum
ab anathemate combustionis, si scienter et prudenter 10
fecerint quod illic dictum est, ita barbae vestrae non sunt
inclusae sub innodatione concremationis si non feceritis
illud malum quod meretur ut transeat per ignem et fiat
cibus ignis. Quidquid igitur in litteris de incendio barbarum dictum est, neque ad barbas vestras transferre 15
debetis si innocentes estis, neque nostri vel alii a suis
barbis excludere valent si culpam inciderint, quae digna
sit poena combustionis. Non itaque noceant mihi barbae
vestrae quas opto manere integras et ab incendiis urenti-
2a bus longe remotas. Nocerent autem mihi barbae vestrae 20
si propter illas me offensum haberetis et a gratia dilec-
tionis faceretis alienum, quem soletis habere propinquum
antequam de barbis negotium istud nasceretur. Si male
locutus sum de barbis, et dici non licuit quod de barbis
culpor dixisse, desinat crescere barba mea vel ulterius 25
illam radere non oporteat et fiam mulieribus similis

barba carens. Quid namque dixi de barbis? Barbae
inquam illorum fiant in combustionem et cibus ignis qui
scientes et prudentes movent tempestatem quae facit
animas naufragari. Quis hoc audeat reprehendere, nisi
5 stultus et imberbis et qui barba caret puerilis? Quis non
acclamet: Fiat, Fiat, si justius est barbas comburi quam
animas periclitari?—

Sermo primus. De Mundicia barbarum.

e⅜ CAPITULUM PRIMUM. *Quod a tribus vermium generi-* 2b
bus debent barbae mundae servari, exemplo barbae Aaron.

V olo autem ad conservationem et integritatem
barbarum vestrarum et opto ut fiat de barbis
10 vestris secundum barbam Aaron, hoc est ut sicut
unguentum in capite quod descendit in barbam barbam
Aaron illic operatum est mundiciam et purificationem ad
mysterium barbarum omnium, ita descendat in barbas 3a
vestras a capite vestro XPO Ihu spiritalis unctio purgans
15 et purificans omnes sensus interiores vestros, in quibus
vigor virilis et aetas maturitate venerabilis dinoscitur,
quae forma non inconvenienter monstratur in barbis.
Quidquid autem secundum figuram exteriorem in barbis
agi convenit, non decet vos ignorare, si barbas interiores
20 cum barbis exterioribus recte desideratis conferre.

e⅜ CAP. II. *Quae sunt tria vermium genera in barbis et*
quo unguento, hoc est quibus mundentur virtutibus.

Ipsi denique scitis quod a tribus vermium generibus
barbae debent mundae servari. Quod nisi diligenter
fuerit observatum, mox quod miserum est et horrore

10] MS.: sic.   11] Psal. 132, 2.   25] MS.: conservatum.

2

pavidum, ab interioribus scaturire cognoscentur lenti-
3b pedes et spurcissima lendium caterva et illud tercium
genus quod a pede in oculo nomen sibi dicitur sumpsisse.
Hoc autem cavetur diligenter in barbis exterioribus, cum
interiores barbae mundae atque sincerae custodiuntur. 5
Et id unde fit, nisi per unguentum quod descendit in
barbam barbam Aaron? Non possunt pullulare predicti
vermes in barbis quae secundum Aaron barbam unguento
tali perunctae sunt. In interiores barbas hoc unguentum
descendit, ubi caritas est de corde puro et conscientia bona 10
et fide non ficta. Attendite qualiter hoc unguentum
triplici particionis suae virtute triplex vermium genus ·
interimit, ut barbae mundae sint et sincerae. Puritas
cordis lentipedes, conscientiae bonitas lendium turmas,
4a fidei veritas illud tercium quod a pede in oculo nomen 15
sumit, consumit atque perimit omnino.

ε̃ε CAP. III. *De distinctis proprietatibus ipsorum ver-*
mium in barbis et coaptatione eorundem ad tria vitia.
Illud quoque mirabile est et dignam considerationem
habet in barbis, quod illa tria vermium genera singulis
proprietatibus distinguuntur. Primum haeret carni et
ad pilos non transit, secundum pilis adheret et pilos non 20
deserit, tercium vicissim per utrumque discurrit. Qui
hoc ignorant et experti non sunt, barbas habent felices
et purificatas. Tria vitia sunt voluptas, inhonestas, duplicitas. Videte qualiter voluptas more lentipedum haeret
carni et in pilis non habet mansionem, quia foris ad 25
id quod pertinet ad ornatum virilem et decorem et
virtutem non vult apparere sed latere in abditis tene-
4b brarum. Voluptas in lentis et pigris et ociosis est, et in
desideriis est omnis otiosus et desideria pigrum occidunt.

3

Et haec significatio in lentipedibus est barbas occupantibus.

Inhonestas exteriorem honorificentiam dehonestat, et quasi pilos barbarum occupat, dum maturitatis reverentiam viciositatis superfluitatis suae multimodas conglomerat levitates, quod est fedissimam lendium congeriem conglobari super barbas. Quod pilos non deserit haec miserabilis viciositas et ad carnem non transit, id significationis insinuare videtur, quod illi qui respiciunt in vanitates et insanias falsas, sic foris vanis suis superfluitatibus affixi sunt et humanis favoribus adhaerent obstinationis immobilitate, ut carnis curam penitus negligere videantur. Sic enim sapientes videri volunt, *5a* ut philosophari putentur et quasi in barba sapientiae venerationem pretendunt, cum ipsi miseri viles et inhonesti non nisi lendium multitudinem in barbis nutrire dinoscantur.

Duplicitas tercii vitii locum tenet in barbis quod a pede in oculo nomen sibi vendicat, eo quod vir duplex animo inconstans est in omnibus viis suis, quemadmodum et hoc vermiculi genus a pilis ad carnem et a carne discurrit ad pilos. Sicut igitur primum et secundum genus vermium immobilia sunt et tercium mobile, et ita esse in barbis et pilis evidenter apparet, sic in ipsis vitiis manifeste valet agnosci si cum studio et diligentia percunctetur. Sed quid est a pede in oculo illud tercium genus vermium sumere nomen, quatenus et id ipsum *5b* de duplicitatis vitio possit intelligi et omnis barba digne queat mundari? Quia pes est instrumentum cui proprium est calcare terram, et oculus sensum et affectum cordis significat. Pedem in oculo, hoc est iuxta oculum

9] De Abaelardo forsitan agere videatur; cp. p. 59.

esse, quid aliud est quam intentionem vel sensum et affectum cordis a rebus terrenis nunquam levare? Sed si pes est ad terram, oculi sunt ad celum et qui eiusmodi est dicat: Oculi mei semper ad dominum. Longe distent a se pes et oculus, et non erit pes in oculo neque duplicitas 5 in animo. Itaque, fratres, ad barbarum mundiciam faciendam non desit vobis unctio de corde puro et conscientia bona et fide non ficta. Nam in corde puro non habet locum voluptas, et inhonestas ad bonam conscientiam non appropinquat, nec ad fidem non fictam 10 6a duplicitas. Qui haec non videt barbam mundam non habet, quoniam unctio in barbam eius non descendit sicut unguentum quod descendit in barbam barbam Aaron.

౼ Cap. IV. *Moralis significatio quare barba Aaron geminata nominetur inculcatione.*

Sed quare barba unius quae est una sola barba geminatur 15 sic ut dicatur in barbam barbam nisi quod misterium barbae unius ad multas transfertur barbas? Et sicut ex imitatione unius conversi barbati, multi conversi barbati constituuntur, sic honoretur misterium barbae unius ad multas translatum barbas. Atque per hoc sciant con- 20 versi quare debeant esse barbati, cum illi indubitanter notum fuerit, quem barbatum ad barbas habendum debeant imitari. Mundentur et unctione unguenti barbae 6b vestrae, fratres carissimi, sicut (per) unguentum quod descendit in barbam illius, barba ipsius mundata est. 25

4] Psal. 24, 15. 24] MS.: sicut unguentum. ·

CAP. V. *De lepra barbae et eius mundatione mistica et quibus signis cognoscatur adesse lepra in barba.*

Est denique necessarium hoc unguentum non solum contra predictas turpitudines sed etiam contra lepram quae barbas solet occupare. Si mihi non creditis Moysen interrogate, immo dominum in Moyse. De his quae
5 inde dicuntur excipimus quod ad nos pertinet, fratres. In cuius inquit barba germinaverit lepra, videat eum sacerdos. Qui ex eo quod sibi sapiens videtur aut de fortitudine sua probitatem iactat, lepram habet in barba, quoniam in barba sapientia et fortitudo, decor et virtus
10 significantur. Idque sacerdos qui curam animarum gerit, 7a intueatur et barbam mundare curet a lepra. Qui rursus ex scientia sua labitur in haeresim aut blasfemiam in barba lepram contraxisse dinoscitur. Dantur autem ibi signa probationis ut cognoscatur esse lepra capitis et
15 barbe, cum dicit: Et siquidem humilior fuerit locus carne reliqua et capillus flavus solitoque subtilior, contaminabit eos, videlicet sacerdos, quia lepra capitis ac barbae est. Quod est dicere: Si intentio cogitationum proprium statum reliquerit ad malumque investigandum fuerit
20 sagacior, condempnetur. Nam sicut lepra in capillis error cogitationum est, ita lepra in barba sagax est ad malum inquisitio, secundum illud "Sapientes sunt ut faciant mala." E diverso vero signa referuntur quibus probetur quod non sit lepra capillorum vel barbae, cum 7b
25 illic subjungitur: "Sin autem viderit, et locum maculae equalem vicinae carni et capillum nigrum, recludet eos septem diebus, et die septimo intuebitur; si non creverit

6] Lev. 13, 29. 16] Lev. 13, 30. 22] Jerem. 4, 22.
25] Lev. 13, 31-4.

macula et capillus sui coloris est et locus plagae carni reliquae equalis, radetur homo absque loco maculae et includetur septem diebus aliis. Si die septimo visa fuerit stetisse plaga in loco suo nec humilior carne reliqua, mundabit eum, lotisque vestibus mundus erit." Omnis 5 series huius litterae figurative statum cogitationum in capillis et sagacitatis in barba demonstrat, ut videlicet docente spiritu septiformi cognoscatur aut non multum
8a exorbitare a tramite veritatis cum parvus est error, et remanet in capillis et barba solitus decor; aut si a veritate 10 turpiter et multum deviatur ad confusionem gestatur barba et in capitis condempnationem capilli dependent, quod est et in capillis et in barba lepram habere fedissimam. Quae si perstiterit in feditate sua, sicut inferius denunciatur, ad combustionem totum deputabitur; si 15 vero ad emundationem emendationis reparari decernatur, et rasioni et allutioni et caput et barba dedicabuntur ut recrescant et noui capilli et noua barba. Tu quoque, frater barbate, si de antiquitate aetatis tuae, vel diutina religionis conversatione gloriaris, iuniores tuos despicis 20 et illis insultas, antiqua tua novissimis illorum praeferens,
8b vade et ostende te sacerdoti quia lebram habes in barba.

ꝯ CAP. VI. *De lepra barbae volatili et vaga et sensu morali.*

Quod si lepra barbae sicut illic dicitur volatilis et vaga fuerit igne comburenda decernitur barba propter lepram. Hoc est: Si saepe confessus et correptus non emendaveris, 25 sed volat et revolat ad te haec turpitudo tua, et vaga non persistit in luctu penitentiae, ignem gehenne tibi denuntiari et paratum esse certus esto. Et hoc est quod in aliis

23] Lev. 13, 57.

7

litteris propter huiusmodi lepram barbas in combustionem et fieri cibum ignis denunciavi, non optavi. Quod si in hoc culpam vel lepram me contraxisse cognoscitis et judicatis, fratres mei carissimi, quando barba
5 mea radetur, accipite illam et igni totam comburite. Tunc 9*a* enim mihi bene erit, si cum perierit barba, pereat et lepra, culpae cum barba.

ও CAP. VII. *De barba David et saliva defluente super illam et significatione morali.*

Accidere tamen solet in barbis cuiusdam turpitudinis enormitas, quae foris aspectu feda videtur et iccirco
10 vitanda, sed intus per significationem propter amorem virtutis omnibus barbam habentibus est appetenda. Turpis et despectus habetur inter nos ille, cui super barbam defluere consueverunt salivae; et vos honestatem et mundiciam amantes dicitis: absit a nobis ut sic imposti
15 simus et spurci quod saliva defluente barbas nostras polluamus. Eia David barbate, veni ad medium et responde barbatis istis qui confusi erubescent audire 9*b* quod tu facere non erubuisti. Ante regem Achis insaniam finxisti, os tuum commutasti quasi furore cor-
20 reptus, fluebantque salivae in barbam tuam. Et ait Achis ad servos suos: "Vidistis hominem insanum, quare adduxistis eum ad me? An desunt nobis furiosi quod introduxistis istum ut fureret me presente? Hiccine ingredietur domum meam!" Eia fratres, numquid
25 gloriosiores sunt barbae vestrae et mundiores barba sancti David gloriosi regis et prophetae magnifici? Sicut barbam Aaron in unctione sua ad barbas vestras transferri per misterium cognovistis, ita barbam sancti David

18] I Reg. 21, 10–15.

8

salivis perfusam ad considerationem barbarum vestrarum
10a transfigurare studeatis. Videte quomodo apud principem
huius mundi, scilicet Achis, vir tantus habitus sit insanus
et vilis ipseque talem se exhibuit ut merito despectus et
contemptibilis appareret. Sapientiam suam atque vir- 5
tutem, quasi barbam suam, humilitate atque vilitate,
quasi quibusdam salivis, dedecoravit; et mirabili modo
per immundiciam salivarum in barbam defluentium
munditiam cordis quae in sapientiae decore consistit
quasi quodam stulto furore conservavit. Intuemini, 10
fratres, a barba sancti David barbas vestras fuisse pre-
figuratas et id ipsum in vobis agi conspicite quod in barba
illius quasi quadam vili feditate premonstratum est.
Defluunt siquidem super barbas vestras salivae, si vos
humilia et vilia quae patimini sapienter sustinetis et 15
10b patienter. Quod de figurante David ad figuratum David
videlicet dominum Jhesum Christum translatum est,
tandem ad vos perventum considerate. Domini virtus
et domini sapientia stulticia et infirmitate tamquam
quibusdam salivis defluentibus deturpata in oculis per- 20
sequentium se viluit et delusa atque derisa opprobrium
hominum et abiectio plebis facta est, cum sputa suscepit
in barbam et alapas in faciem. Ita et vos libenter
suffertis insipientes, cum sitis ipsi sapientes. Sustinetis
enim siquis in faciem vos caedit, siquis barbam trahit, 25
siquis devorat, siquis accipit, quia quod infirmum et
stultum est dei in vestram ignobilitatem et ignominiam
transformatis, quatenus id ipsum fortius et sapientius
sit hominibus quod in barba salivis defluentibus collita
11a infirmum et stultum apparebat. Crebro vos derident 30
saeculares dicentes: quam longa colla, quam rotunda,

22] Psal. 21, 7.

G 9 2

quam crassa! Quale, quam dulce quam suave foret in
lardum illud et aruinam illam ferire pugno fortiter!
Vae barbis illis turpibus et lendiculosis! ignis illas devoret
dignas combustione. Vae barbis illis lendipedibus plenis,
5 vae barbis illis saliva defluente foedatis, sputis et execra-
tionibus dignis et ad incendium merito condempnatis.
Inter dicentes haec, est qui dicit: o si mihi liceret barbam
illam trahere, pilis radiciter evulsis hunc barbatum
exbarbarem et barbam darem in combustionem et in
10 favillam et cinerem consumptam! In ventum et tur-
binem totam exsuflarem. De quo talia dicuntur, nonne
insanus habetur, et reputatur tamquam furiosus instar
David, cui defluunt in barbam salivae? Ecce vos, fratres,
sancti David imitatores estis et vita vestra estimatur 11*b*
15 insania, sed illi potius insani vel furiosi sunt, qui in
derisione barbarum vestrarum insaniunt et furere deridendo non desistunt. Desistent vero miseri deridere
barbas vestras, cum barbae illorum erunt in combustionem et cibus ignis. Et tunc recognoscentes insaniam
20 suam et vestram sapientiam retractantes, prae angustia
spiritus quoque gementes, dicent de vobis: Hi sunt quos
aliquando habuimus in derisum et in similitudinem im-
properii; nos insensati vitam eorum estimabamus insaniam et finem illorum sine honore; et sol non est ortus
25 nobis, id est cognitio veritatis. Ecce quomodo computati
sunt inter filios dei, et inter electos sors illorum est. Et hic est
Achis, reputans David insanum et furiosum. Achis interpretatur "quomodo est" per quod significatur ignorantia
et verbum mirantis et non agnoscentis veritatem. Quod 12*a*

27] Achis interpr. "quomodo est". Ista interpretatio non
concordat cum Hieronymiana quae in Migne, P.L. XXIII, p. 812
legitur: Achis = frater meus aut frater vir.

et in gente iudeorum impletum est, qui dum Christum
viderint non agnoverunt.

ᵉᵈ CAP. VIII. *Quod in misterio barba David et saliva*
super illam decurrens ad Christum pertinet, ad exemplum
imitandi propositum.

Quod autem in David quasi furioso salivae decurrebant
super barbam eius, apostolus hoc aperit dicens: "Judaei
signa petunt et Graeci sapientiam quaerunt; nos autem 5
praedicamus Christum crucifixum, Judaeis quidem scan-
dalum, gentibus autem stulticiam. Ipsis vero vocatis ·
Judaeis et Graecis Christum dei virtutem et dei sapientiam. Quia quod stultum est dei sapientius est hominibus, et quod infirmum est dei fortius est hominibus." 10
Salivae enim significant infirmitatem. Sed quia stultum
dei sapientius est hominibus, nota quia salivae offendant,
12ᵇ sed attende quod super barbam decurrunt. Quomodo
enim in salivis infirmitas, sic in barba virtus ostenditur;
texit ergo virtutem suam corpore infirmitatis suae, et 15
quia forinsecus infirmabatur, tamquam in saliva apparebat, intus autem divina virtus tamquam barba tegebatur. Ecce quam mirabile misterium quod immunditia
ex salivis defluentibus interiorem mundiciam, hoc est
divinam virtutem tamquam barbam decoris et virtutis 20
et sapientiae tegit, ut et vos qui ad virile decus barbas
gestatis, si sapientes esse vultis, prius stulti sitis, ut postmodum efficiamini sapientes, cum salivae cessaverint
defluere super barbas et nichil infirmum, nichil stultum
apparebit.   · 25

4] I Cor. I, 22–5.

II

Sed et illud satis mirum est, qualiter pro immundicia
reputetur quod salivae super barbam defluunt, cum
potius infirmitatis esse non dubitetur talis defluxus, et
id singulariter habere cognoscitur aetas puerilis, cui
5 pariter saliva defluens et barba non adsunt, sed solum
saliva defluens sine barba. Si tamen in barbis senum
decrepitorum id contingere soleat, non esse mirum ex
hoc apparet, quoniam in illa aetate ex habundantia
humoris flegmatici eruptio vel fluor vitiosus decurrit,
10 unde reumatici efficiuntur, quod est reumatis inordinata
et superflua defluxio. Sunt tamen qui ab ineunte puerili
aetate semper hanc vitiositatem patiuntur, quos bavos
vel bavosos sermo vulgaris appellat. Licet autem barba 13b
bonum et donum sit naturae, et saliva nichilominus
15 eiusdem naturae beneficio ad usum necessitatis mini-
stretur, tamen cum ipsa saliva defluit inordinate, ipsa
inordinatio vitiositatis huius immundicia reputatur. Non
est autem ordinatio sed vitiositas, salivam defluere super
barbam, sed ut glutiatur aut in sputum proiiciatur hoc
20 illi est ordo naturalis. Huius naturalis ordinis perturba-
tionem pati videbatur Job, dicens domino: "Usquequo
non parcis mihi, nec dimittis me ut glutiam salivam
meam?" Mallet glutire salivam si posset, quam ex
inordinato defluxu barbam polluere, quod forte com-
25 pellebat infirmitas evenire. Sed qui testa saniem radebat,
non erat mirum si forte hanc immundiciam salivae
defluentis super barbam videretur pati, cum et, quod
maius erat, in sterquilinio toto corpore volutatus iaceret. 14a

12] Ducange, I, 610. 21] Job, 7, 19.

Opto, fratres, ut ab omni immundicia barbae vestrae inveniantur immunes et illaesae conserventur ab omni combustione.

Sermo secundus. De Compositione barbarum.

eð CAP. I. *De varia compositione barbarum et grennonum.*

Sed ecce, fratres amantissimi, sicut barbas debetis habere mundas, sic et ordinatas habere vos convenit. Sunt 5 enim quidam qui delectantur barbas habere funiculatas 14*b* ac grennones spiculatos, quibusdam mos est barbas suas manibus suis demulcere et complanare palmis, ac grennones suos digitis contorquere. Quidam de prolixitate barbarum gloriantur et dependentes usque versus um- 10 bilicum frequenter et curiose quasi quasdam picturas contemplantur illas. Alii sunt qui barbas suas ramusculant et quibusdam discriminationibus urbaniter cordiculatas volunt illas formosas videri. Alii forcipant barbas suas ad formam militarem et sanctam rusticitatem negli- 15 gentes ex formositate barbarum apparere desiderant curiales et urbani. Qui si attenderent quam male conveniunt barbae militares alte denudatis auribus, erubescerent de se facere risum qui duo contraria compingunt 15*a* in monstrum. Sunt qui barbas suas velut rostra serrantia 20 figurant in acumen, aut si quis aliud simile velit adaptare, quasi falces incisorias mirari poterit barbas illas. Sunt item qui sic figurant barbas suas ut caudis miluorum videantur esse similes, et velut caudae pennatis avibus in adiutorium volandi necessariae sunt, ita barbae in hoc 25

7] Ducange, IV, 100.

modum figuratae levitati illorum quasi volatui videntur opitulari, qui in omni actione sua faciles sunt et leves ad lasciviendum. Sunt etiam nonnulli qui furcatas faciunt barbas et quasi per bivium discriminatas; nunc unam
5 nunc aliam partem demulcent et de barba una videntur facere duas. Videmus alios qui grennonibus abrasis radiciter, nuditate et albedine labellorum pueris aut mulieribus similes sunt, cum viri esse non dubitentur, barbis 15*b* argumentantibus. Haec enormitas barbis non convenit,
10 ut sic omnino grennonibus priventur, quoniam ad naturalem ornatum barbarum grennones barbis natura concessit. Verumtamen illi arguendi sunt, qui sic superfluos et supercrescentes volunt habere grennones, ut enormitate tali barbas dehonestent, insuper et cum illis
15 grennones bibant in ciphis. Illi denique alieni sunt a religione, qui ad similitudinem capillorum muliebrium barbas suas cincinnant et crispantibus cincinnis barbaturam quasi capillaturam mulierum discriminalibus decoratam habere concupiscunt. Crinibus muliercularum
20 relinquatur artificium calamistrandi, quoniam barbis virorum calamistrum non convenit, et barbas habere 16*a* calamistratas horreant religiosi, quoniam nec saeculares effeminatos mores debent affectare. Itaque, fratres, omnes praedictas vitiositates barbarum vitate, et illas secundum
25 ordinis institutionem componite. Longitudo barbae ultra duos digitos sub mento non descendat. Non sit a lateribus latitudinis ansulata, et quasi quibusdam ansis expansa, ne magis appareat lata quam longa. Magis rusticana vilitate videantur neglectae, quam superflua
30 curiositate in lascivam compositionem effigiatae. Sic tamen ut neque sordescant contra honestatem, neque videntibus pro foeditate sint ad horrorem. Grennones

non radantur sed tondeantur, tali quidem moderatione
ut neque pro vicinitate narium exalatione spirationis
16b illarum appareant humectati, neque buccae fissuram
excedant in longitudine neque ciphis immergantur in
bibendo. Et sicut iam dictum est, grennones penitus 5
non abradantur, quia nimis enorme videtur, sicut et illud
valde foedum est, quod quidam saeculares, barbis prorsus
abrasis solos grennones reservant. Larvalis et monstruosa
videtur talis figuratio, ubi vir in labris et in mento
femina figuratur. Ermafroditum depingere convincitur, 10
qui in persona una et capite uno utrumque sexum
effigiare non confunditur.

e౩ CAP. II. *De barbis nuntiorum David semirasis, et
quid significet tam turpe factum.*

Nam et illud ad dedecus et confusionem magnam factum
fuisse non ignoratur, quod Rex Ammanitarum Anon
17a nunciis David dimidias barbas radi fecit, et vestes usque 15
ad nates detruncari. Sic enim illic scriptum est: "Tulit
Anon servos David, rasitque dimidiam partem barbae
eorum, et praecidit vestes eorum medias usque ad nates
et dimisit eos. Quod cum nunciatum esset David, misit
in occursum eorum, erant enim viri confusi turpiter 20
valde, et mandavit eis David: Manete in Hierico, donec
crescat barba vestra et tunc revertimini." Si ex qua
occasione tam turpe factum provenerit prudenter ad-
vertatis, cognoscetis quod ex quibusdam bonis incaute
gestis, mala solent oriri, et mala pro bonis reddunt mali, 25
quoniam pro bonis reddere bona student boni. Hoc
inter David et Anon patet accidisse, cum alter alterius
17b malus boni bonos deturpavit nuncios dimidiis abrasis

16] II Reg. 10, 4-5.

barbis et vestibus usque ad nates detruncatis. Ad bonum
obedientiae diriguntur nuncii David, sapientes quidem
et maturi, quod barbati. Sed quia secularibus negotiis
implicati sunt, quod ad amatorem mundi missi sunt,
5 decepti incidunt in confusionem, et in forma stultorum
derisione digni revertuntur, qui in forma sapientium
fuerant delegati. Audite, fratres, cautelam vestram et, ne
tale quid, quod absit, accidat vobis, cavete diligenter.
Vos omnes ad bonum obedientiae nuncii delegati estis,
10 totum sit necessitatis et maturitatis quod agitis et nichil
superfluitatis aut levitatis habeat negotium obedientiae
quod tractatis. Cuius vestrum vita et conversatio sancta 18a
et laudabilis creditur et denunciatur, hic barbam integram
constat habere. Hic ad negotium obedientiae directus,
15 si diabolo instigante vita eius aliquo modo depravata
fuerit, sic tamen ut conversationis eius insignia nundum
deleta sint omnino, sed lapsum eius aliis scientibus et
affirmantibus, aliis ignorantibus et negantibus, non tali
utiquam manet integritas barbae, sed, cum sit scisma de
20 illo, dimidiam partem convincitur perdidisse; cui iam
ex parte quod erat honoris et sapientiae a scientibus et
affirmantibus culpam detruncatum est, et ex parte quod
erat decoris et virtutis ab ignorantibus et defendentibus
est reservatum. Si vero lapsus ignominiosae turpitudinis
25 in tantum propalatus est ad manifestationem ut iam
nec celari nec defendi possit, praecisae sunt vestes mediae 18b
usque ad nates, et videtur hoc opprobrium praecipue
de lapsu fornicationis natum, ubi pudenda circa nates
denudata referuntur.

6] MS.: formam.
16] in margine, eadem manu ut videtur: "infami relatu".

❧ CAP. III. *Quid sit manere in Hiericho donec crescat barba.*

Sed si inter vos sunt, quod avertat deus, quibus tam probrosam barbarum suarum abrasionem fecerit forte diabolus, quod eis mandat David dicimus illis: "Manete in Hierico, donec crescat barba vestra et tunc revertimini!" Necesse est enim talibus, quos diabolus ita 5 confundit, ut maneant in Hierico, donec crescant barbae eorum, id est sint opprobrium et ignominia meliorum et efficiantur anathema omnium, donec per studium 19a bonum et luctum penitentiae barbarum species, hoc est virtutum incrementa in eis renascantur, et digni habean- 10 tur praesentia regis sui et familiae ipsius, hoc est abbatis sui et consortio fratrum. Quia enim Hierico interpretatur luna, et luna menstruis occasibus decrescit, in Hierico manere est donec crescant barbae, detrimenta virtutum lugere, donec ad pristinum reparentur statum. 15 Sed si deformis est partialis abrasio barbarum, et derisioni patent barbae partialiter abrasae, quantum ridiculi gerit si totaliter abradantur, illis dumtaxat, quibus omnino privari barbis nec licet nec decet illos propter ordinis institutionem et formam disciplinae. 20

❧ CAP. IV. *Quid sit quod diabolus partem barbarum et* 19b *dominus totas barbas radere dicitur.*

Illudque consideratione dignum est, quod cum barbae dimidiae raduntur, diabolus radere dicitur, sicut rex Anon rasit dimidiam partem barbae nunciorum David, et cum totae barbae raduntur, radere dominus barbas

12] Hierico interpr. luna: Vide Hieronymi: Interpr. Hebraicorum nominum in Migne, P.L. xxiii, p. 795.

refertur. Inde est illud in Ysaia: "In die illa radet dominus in novacula conducta in his qui trans flumen sunt, in rege Assiriorum, caput et pilos pedum et barbam universam." Quia tamen in rasione barbae novacula
5 nominatur in qua dominus radit barbam, sicut barbam universam radit dominus, ita dimidiam partem barbae radere non inconvenienter dici potest. Si enim non est malum in civitate, quod dominus non faciat, ubique peccatis hominum exigentibus infert dominus poenam
10 pro culpa, et quod pulcrum et forte videtur delet 20a dominus et radit sive in parte sive in toto, quod est aut partem barbarum aut barbam universam radere. Novacula vero, qua radit dominus, diabolus est, aut homo per quem infert iram, sicut in rege Assiriorum et in rege
15 Ammanitarum significatum est, quorum altero tamquam novacula radit dominus dimidiam partem barbae, altero barbam universam. Barba universa raditur cum fortitudine et pulcritudine et sapientia perdita non solum effeminati fiunt homines, sed et ignominiosis mulieribus
20 efficiuntur deteriores. Propterea de talibus alibi prophetice denuntiatum est: "In cunctis capitibus eorum calvitium et omnis barba radetur." Multi sunt inter vos barbati, sed siqui calvi sunt, pauci sunt, nescio tamen si 20b plures calvastri sint. Sicut ergo qui barbatus est, de
25 misterio barbae debet erudiri, sic qui calvus vel calvaster est, noverit quid de calvitio vel de calvatione loquuntur scripturae. Sicut namque pariter ad boni malique significationem rasio barbarum fieri non ignoratur, ita quoque calvitium virtutis et vitii demonstrativum est.

1] Isaias, 7, 20. 21] Isaias, 15, 2.

ꝓ CAP. V. *Quare monachi radant barbas et conversi non radant.*

Ut quid enim nos barbas nostras radimus et vos barbas vestras non raditis, nisi quia causae et rationes significationum sunt, ut nos barbas nostras radere debeamus et vos barbas vestras radere non debeatis? Ideoque bonum est quod barbas nostras radimus et malum esset si barbas 5
21a nostras non raderemus, sicut et bonum est, quod barbas vestras non raditis, et malum esset si barbas vestras raderetis. Inde forsitan movetis questionem, quare nos barbas nostras radimus, et cur vos barbas vestras non raditis; et quomodo bonum sit utrumque, cum videatur 10 esse contrarium barbas habere et barbis carere? De fide et moribus accipite quod inde respondemus. Habitus et privatio barbae, hoc est habere barbam et barba carere, transitus est legis ad gratiam. Lex sub velamento erat et quasi barba tegebatur, gratia autem velamen litterae 15 tulit et barbam velantem rasit; sicut ait apostolus: "Cum transieris ad Christum auferetur velamen." Ergo in vobis qui barbas non raditis, lex monstratur, in nobis qui barbas radimus, gratia declaratur. Et sicut lex non
21b destruitur per gratiam, sed adimpletur, ita quod barbas 20 nostras radimus, non evacuat nec destruit, quin barbas habeatis, sed quod in habitu barbarum vestrarum tamquam in velamento significatur, hoc in privatione et rasione barbarum nostrarum tamquam ablato velamine adimpletum manifesta revelatione declaratur. Vos popu- 25 lus cum barba sine corona, nos clerus cum corona sine barba. Et sicut in nobis habitus coronae privatio est barbae, ita in vobis habitus barbae privatio est coronae.

16] II Cor. 3, 16.

19

Vel ita: geminatus in vobis habitus capillaturae et barbae, et geminata in nobis privatio in capillatura et barba. Et sicut misterium fidei velat et tegit in vobis duplex habitus capillaturae et barbae, ita archanum fidei revelat 5 et denudat in nobis duplex privatio barbae et capillaturae. 22*a*

eð CAP. VI. *Moralis proportio in habitu vel privatione capillaturae et barbae.*

De moribus quoque proportionalis est significatio utriusque habitus et utriusque privationis capillaturae et barbae. Vos carnalia exercetis opera, ut veterem hominem 10 sustentetis et foveatis in necessitate, quod capillatura et barba demonstrant, nos spiritalia exercemus studia quibus novum hominem in spiritu roboremus ut abscidamus a nobis superflua, quod in rasione capitis et barbae figuratur. Vos capillos et barbas servatis et non 15 raditis, ut exteriora quae pro usu et non in apetitu debent esse praeparetis; nos caput et barbas radimus, ut interiora cum appetitu scrutantes sic nobis adquiramus ut vobiscum communicemus, quibus simul perfrui de- 22*b* bemus eternaliter, quia pro nobis et vobis laboratis 20 temporaliter. Nos in capite coronam figuramus capillos radendo, et barbam radimus mentum denudando, ut mente et spiritu ad perfectionem tendamus, dum omne quod superfluum est et temporale ab affectu et desiderio abscindere studemus. Vos in capite coronam non figuratis 25 et barbam non raditis, quia laicalis simplicitas usu terreni laboris occupata nec litteris erudita est, ut spiritalia penetrare valeat, nec ad perfectionis studium exurgere potest, infimae sollicitudinis inferius pondere depressa, ut spiritu et mente expedita ad superiora conscendat levigata. Nos spiritalia vobis seminamus sine barbis cum corona et vestra carnalia metimus, quia nobis laboratis 23a cum barbis et capillatura. Vos foris ad estus et frigora expositi, barbas et capillaturam ad remedium habetis, nos intus ad claustralem disciplinam clausi barbis et 5 capillatura non ita ut vos indigemus aut opus habemus. Videte denique quod ad officium altaris, quod nostrum est, barbae non conveniunt sed ad agriculturam, quae vestri officii est, barbae non disconveniunt sed congruunt. Nos ad sancta sanctorum ingredientes barbarum 10 pilositatem resecamus, vos ad culturam agrorum egredientes ex habitu barbarum ostenditis quod de labore estis. Considerate quantum oculos intuentium offenderet esse barbatos et albis aut casulis indutos. Non deceret super libros aut super calices dependere barbas; ideoque 15 23b sine barbis versamur circa altaria et calices; vos cum barbis deputati estis ad aratra et ligones. Deinceps igitur estote certi quare vos barbas conservatis et non raditis, et cur nos minime conservamus barbas sed radimus.

ꝛ CAP. VII. *De barba Hiezechielis rasa et tripliciter divisa.*

Quod autem barbas radere debeamus et in capitibus 20 formare coronas cum ratione docet auctoritas. Ait enim Dominus ad Hiezechielem prophetam: "Sed tu fili hominis sume tibi gladium acutum radentem pilos et duces per caput tuum et per barbam tuam." Quod si ad simile misterium judiciorum dei et indignationis et 25 irae haec prophetica rasio capillorum et barbae praefatis barbarum rasionibus conferatur, contra incredulos et 24a legis suae et ordinis transgressores et corruptos mores

22] Ezech. 5, 1.

21

invenietur increpatio divina fieri, et secundum quantitatem et qualitatem meritorum condigna retributio pon-
derari et aequa lance aequitatis et justitiae per singulos
distribui. Nam cum dixisset Dominus ad prophetam:
5 "et assumes gladium et duces per caput tuum et per
barbam tuam" statim subiunxit: "Et assume tibi stateram
ponderis et divides eos, hoc est pilos; Terciam inquit
partem igni combures in medio civitatis et terciam
partem concides gladio in circuitu eius, terciam vero
10 aliam disperges in ventum. Et sumes inde parvum
numerum et ligabis eos in summitate pallii tui et ex eis
rursum tolles et projicies eos in medio ignis et combures
eos igni, et ex eo egredietur ignis in omnem domum
Israel." Timete, fratres, qui barbas et pilos capitis non
15 raditis, judicia dei. Judicia dei, abissus multa. In abissum 24b
ruere facile est; sed inde exire cui est possibile? Cauti
estote et conservate barbas vestras, ne fiat illarum abrasio
ad praefatam combustionem, quod proculdubio sciatis
eventurum vobis si neglexeritis ordinem vestrum et
20 exordinati fueritis inventi. De transgressoribus ordinis
sui et inordinate viventibus atque dissolute et deo conversationem eorum pessimam puniente dictum est:
"Missit in eos iram indignationis suae, indignationem et
iram et tribulationem, immissiones per angelos malos."
25 Si inobedientes, si murmurosi, si detractores fueritis
inventi, ad magnam confusionem barbas nutritis, quod
non remanebit pilus qui non abradatur. Et cum omnes
pili barbae vel capitis rasi fuerint, in statera ponentur,
et dividentur tripliciter. Et erit prima pars in com- 25a
30 bustionem et cibus ignis, in concisionem secunda, tercia
in dispersionem. In statera vero ponderis pilos ponere

15] Psal. 35, 7.   23] Psal. 77, 49.

quid est, nisi secundum quantitatem culpae poenae mensuram extendere? Et rursum dividere tripliciter quid est nisi ad qualitatem transgressionis conferre qualitatem ultionis?

ꝰ CAP. VIII. *Quid sit quod tercia pars barbae Hiezechielis ad combustionem decernitur.*

Quid putatis quanta sit culpa quae per ignem vindicatur 5 sive purgatur? Quam turpis est noxa quam punit ignis plenus foetore vel intrinsecus ardens sine splendore? Inde est illud: "Pones eos ut clibanum ignis." Audiant hoc et timeant incontinentes et immundi, turpes et 25b foetidi, quorum barbae signa sunt religionis et materia 10 combustionis. Et ubi comburentur? "Combures eos, inquit, in medio civitatis"; hoc est denuntiabis eos comburendos in publica visione. Legite finem Ysaiae: "Ignis, inquit, eorum non extinguetur, et erunt usque ad satietatem visionis omni carni."   15

ꝰ CAP. IX. *Quid sit tertiam partem barbae concidi gladio.*

"Et tertiam partem concides gladio." Qui concidunt ipsi concidentur. Qui scismata faciunt et scandala movent in congregatione ipsi concidunt et scindunt unitatem. Talium barbatorum pili conciduntur gladio spiritus, quod est verbum dei. Audite concisionem: "Utinam 20 et abscidantur qui vos conturbant." Et illud: "Et con-26a cidam a facie ipsius inimicos eius." Post concisionem adjungit dispersionem: "et odientes eum in fugam convertam." Concidit gladio qui dicit: "Auferte malum ex vobis." Et quia in circuitu impii ambulant, in cir- 25

8] Psal. 20, 10.   13] Isaias, 66, 24.   20] Galat. 5, 12.
21] Psal. 88, 24.   24] I Cor. 5, 13.

cuitu civitatis conciduntur pili barbae illorum, quia foris
canes qui latrant et mordent, ut lacerent habitantes fratres
in unum. Vae barbis illorum quos non delectat audire:
"Ecce quam bonum et quam iocundum habitare fratres
5 in unum." Vae barbis sordentibus et arefactis, quibus
non fluit unguentum in capite, "quod defluit in barbam
barbam Aaron". Sequitur in propheta.

ⅇ CAP. X. *Quid sit tertiam dispergi in ventum.*

"Tertiam vero aliam disperges in ventum." Haec tertia
pars de pilis capitis et barbae, leves et instabiles significare
10 videtur, qui circumferuntur omni temptationis impulsu
et agitationis vento. Qui etiam merito levitatis et in- 26*b*
stabilitatis suae pulveri et stipulae comparantur. Isti
namque sunt tamquam pulvis quem proicit ventus a
facie terrae, et quos deus posuit et exposuit sicut stipulam
15 ante faciem venti, et sicut pilos barbae rasos et dispersos
in ventum. Quam convenienter haec tertia pars sub
illo tertio genere monachorum sive conversorum con-
tineri dinoscitur, quod girovagum in regula sancti patris
nostri Benedicti nominatur. In huiusmodi qui barbis
20 rasi sunt aut pilis tonsi, ad turpitudinem et ignominiam
constat illos esse rasos et tonsos, qui et per tonsuram deo
mentiri noscuntur, et per eberbium se molles et effeminatos demonstrant. Qui autem in eiusmodi nec barbas
nec pilos capitis in coronam rasi sunt, timeant sibi aut
25 calvitium derisionis eventurum, aut ignominiosam rasionem capitis et barbae, secundum comminationem 27*a*
Ysaie de populo Moab prophetantis et dicentis: "In
cunctis capitibus eius calvitium et omnis barba radetur."

4] Psal. 132, 1.   14] Psal. 82, 14.
18] Regula S. Ben. Cap. 1.   27] Isaias, 15, 2.

24

◦&8; CAP. XI. *De causa et exemplis radendi barbas, aut non radendi et horum rationibus.*

Antiqui in afflictione et luctu capita et barbas radebant. Unde Job tonso capite corruit in terram. Sic et de Eufemiano in vita sancti Alexis filii eius legitur: Eufemi-anus pater eius, ut audivit verba cartae, exanimis cecidit in terram, et surgens scidit vestimenta sua, cepitque 5 canos capitis sui evellere et barbam trahere. Edisius quoque, sacerdos idolorum, pater sanctae Justinae virginis ad indicium conversionis et penitentiae, caput et barbam 27*b* legitur totundisse. Ita enim ibi scriptum est: "Tunc Edisius detotundit caput suum et barbam." In quanta 10 autem veneratione barbae religiosorum debeant haberi, audiant de barba sancti Simeonis monachi, qui barbas vestras malunt deridere quam venerari. In vita quippe ipsius legitur ita: "Episcopus vero Antiochenus voluit aliquid tollere de barba ipsius, et statim coepit arescere 15 manus eius." Non sit ergo vobis molestum aut onerosum barbas habere, quas pro signo religionis habetis, et ad significationem sapientiae et fortitudinis. Nam inter cetera signa religionis signo barbae designatus est Bartho-lomaeus apostolus, ut videretur ab Indis qui desiderabant 20 eum cognoscere. Et cum Astarot deus illorum, quoniam

2] Job, I, 20. 3] Acta Sanctorum, Jul. IV, p. 253.
6] Acta Sanctorum, Sept. VII, p. 201: "Edusius vero totondit caput suum et barbam (erat autem sacerdos ido-lorum)...."
12] Vitae Patrum, Migne, P.L. LXXIII, p. 333.
19] Abdias: Apostolica Historia, lib. VIII, cap. I, ed. J. A. Fabricius: Codex Apocryphus N.T. Hamburgi, 1719, I, p. 671. —De Abdiae Historia eiusque aetate nihil certi constare videtur; ne mireris autem Burchardo nostro notam fuisse, cum iam Aldhelmus, forsitan et ipse Beda Venerabilis allegaverit eam.

ad praesentiam apostoli obmutuerat, non posset illis
indicare, daemon vicinae civitatis, nomine Berith, con- 28a
sultus est ab illis, illi dicentibus: Dic inquiunt nobis signa
ut possimus invenire eum, quoniam inter multa milia
5 hominum non possumus agnoscere illum. Respondit
daemon et dixit: Capillo capitis nigro et crispo, caro
candida, oculi grandes, nares aequales et directae,
aures crine capitis coopertae, barba prolixa. Hic forte
movetis questionem de auribus crine capitis coopertis,
10 et barba prolixa; quare videlicet vos aures vestras nimis
alte tonsi discooperiatis, et barbas prolixas non nutriatis,
quod contraria consuetudine facitis ab apostolo, qui aures
crine capitis coopertas habuisse refertur et barbam prolixam et non decurtatam, quemadmodum vos barbas
15 vestras decurtatis. Si quaeritis ista et ego a vobis quaero,
quare vos feminas non habetis et non circumducitis illas 28b
sicut apostoli, cur etiam transeuntes per sata spicas non
vellitis, ut fricetis illas et proiciatis in os vestrum grana
et comedatis, aut etiam non lotis manibus non manducatis,
20 sicut faciebant apostoli. Dico vobis quod mutationes
temporum mutationes morum exposcunt, et in personis
et in causis mutationum significationes sunt et significationum rationes. Et quoniam omnia tempus habent et
diversos diversa iuvant et varia variis congruunt, prop-
25 terea tempus est nutriendi comam et barbam, et tempus
tondendi et radendi, prout varietas personarum exigit
et significationis ratio vel ad misterii sacramentum vel ad
morum informationem describit. Nam ut ad barbarum
rationem revertamus, nec semper bonis aut sanctis con-
30 venit barbam prolixam habere, quoniam mali barbas
prolixas inveniuntur habuisse. Inde est quod praefatum 29a
daemonem Astaroth angelus domini conversis refertur

26

ostendisse, barbam prolixam habentem, ubi dicitur: Tunc ostendit eis ingentem egiptium nigriorem fuligine, facie acuta, barba prolixa. Ceterum nequam barbatis et superbe capillatis denuntiatur foris derisio et intus pestilentis animi confusio. De capitibus enim per calvitium 5 tolluntur eloquentiae ornamenta, ut nuda maneant et deformia et stulti appareant, qui se pronuntiant esse sapientes; et si quid virilitatis in barba habere videntur, rasum a viro ecclesiastico effeminatum et debile comprobetur. 10

ⁿ CAP. XII. *Quid sit parvum numerum de pilis barbae ligari in summitate pallii prophetae.*

Quarto loco prophetae dicitur: "Et sumes inde parvum 29b numerum et ligabis eos in summitate pallii tui." Mira res et occulta de pilis barbae et capillorum tam varie distinctis sub enigmate vix intelligibili. Domine Deus, edissere nobis parabolam istam et aperi sacrae scripturae, 15 bone magister immo magistrorum optime, discipulis tuis hoc enigma propheticum. Quis est aut quid est iste parvus numerus pilorum barbae et capillorum prophetae huius? Aut quid est in summitate pallii prophetici capillos ligare? Quam latens sensus misterii sub littera 20 patenti!

Quid de pallio dicemus? Invenimus pallium diversis scripturae locis nominatum. In Ysaia redditur pallium laudis pro spiritu meroris, sicut corona pro cinere et oleum gaudii pro luctu. Est et pallium Heliae, quod illi 25 cecidit quando raptus est in coelum. Est et pallium Booz, quod Ruth super se postulat expandi. Est in Ysaia

2] Abdias, ut supra, p. 683.   23] Isaias, 61, 3.
25] IV Reg. 2, 13.   27] Ruth, 3, 9.

et pallium breve quod utrumque operire non potest. 30a
Unumquidque pallium quibusdam proprietatibus distin-
guitur. In pallio Hiezechielis pili barbae ligantur, sed
in summitate tantum et non nisi pauci; idque de prae-
5 senti negotio est propter barbas fratrum, quas longe
volumus a combustione fieri, nisi forte valeamus invenire, quomodo bene et sine perturbatione fratrum
possint comburi. Cum igitur propheta iubetur triplici
iudicio condempnationis de pilis rasis misterium dis-
10 tinguere, per combustionem, per concisionem, per dispersionem, monstrat quod multi sunt vocati sed ad condempnationem iudicati. Cum vero parvum numerum
de pilis barbae et capillorum in summitate pallii ligare
iubetur, ostendit quod pauci sunt electi, scilicet ad
15 salutem conservati, qui fidei et divinae protectionis
gratiae firmiter atque perseveranter alligati sunt. Inde
est: Qui perseveraverit usque in finem, hic salvus erit. 30b
Nam fide quae per dilectionem operatur tale pallium
contexitur, cuius summitas perseverantiae finis est. Sed
20 si in summitate huius pallii ligari conservatio est ad
salutem, mirabile est quod statim subjungitur et ad
prophetam dicitur: Et ex eis rursum tolles et proicies
in medio ignis, et combures eos igni.

ce CAP. XIII. *Quis ignis sit egrediens de pilis barbae in
medio ignis proiectis.*

Si enim reservantur ad salutem qui in summitate pallii
25 ligantur, quomodo tunc ex eis rursum tolluntur et
proiciuntur in medio ignis, ut igne comburantur, nisi,
sicut superius dictum est, ad judicium condempnationis?

1] Isaias, 28, 20.   11] Math. 20, 16; 22, 14.
17] Math. 10, 22; 24, 13.

Quod et verba statim sequentia confirmare videntur, cum dicitur: Et ex eo egredietur ignis in omnem domum 31a Israel. Quid est enim ignem egredi in omnem domum Israel, nisi totum comburi et iudicio per ignem durissimo totum condempnari? Sed est bonus ignis, ignis 5 quidem, quem dominus misit in terram et voluit vehementer accendi. De quo ipse dixit: "Ignem veni mittere in terram et quid volo nisi ut ardeat?" Pro isto igne Ysaias ad dominum dicit: "Utinam dirumperes coelos et descenderes, a facie tua montes defluerent. Sicut 10 exustio ignis tabescerent, aquae arderent igni." Ergo, quia dominus ignis consumens est, si ignem sui amoris accendat in cordibus nostris, in omnem domum Israel · egreditur ignis iste, quoniam corda videntium dominum domus Israel sunt. Quod si tamen de parvo illo numero 15 pilorum barbae qui in summitate pallii ligari jubentur non bonus ignis egredi in omnem domum Israel con-
31b tendatur, quia sic litterae series in prophetica narratione probare videtur, erit aliquid quod secundum misterium de Judaeorum reprobatione dici possit et condempna- 20 tione. Nam de illis consequenter illic dominus dicit: "Judicia mea proiecerunt et in praeceptis meis non ambulaverunt." Et ad gentem reprobam dicit: "Ecce ego ad te; et ipse ego faciam in medio tui judicia in oculis gentium, et faciam in te quod non feci et quibus similia 25 non faciam propter omnes abhominationes tuas. Ideo patres comedent filios in medio tui, et filii comedent patres suos. Et faciam in te iudicia et ventilabo universas reliquias tuas in omnem ventum." Haec omnia in rasione capitis et barbae et in combustione pilorum et 30

7] Lucas, 12, 49.   9] Isaias, 64, 1.   11] aquae: MS. atque.
22] Ezech. 20, 16.   23] Ezech. 5, 8–10.

concisione et dispersione significata sunt, quod ante
adventum domini genti Judaeorum contigisse mani-
festum est. Sed ex gente illa natus filius dei; paucos
elegit quasi parvum numerum de pilis barbae et capil- 32a
5 lorum, scilicet apostolos et alios quosdam discipulos,
quos sub gratia suae protectionis et fidei assumens, sacra-
mento novae legis ad consummationis finem, quasi in
summitate pallii sui ligavit. Sed ex eis rursum tulit et
proiecit in medio ignis et combussit eos igni. Quod
10 factum est quando illi abierunt retro, qui dixerunt:
"Durus est hic sermo, quis potest eum audire?" Et
Judas unus de duodecim tradidit eum. Judam enim
proiecit in ignem, quando dimittens eum iusto iudicio
secundum desiderium cordis sui dixit illi: "Quod facis,
15 fac citius." Et ille cupiditatis aestibus inflammatus avari-
tiae fovit incendium ex quo egressus est ignis in omnem
domum Israel, cum ipse properavit ad venditionem et
Judaei ad emptionem accensi sunt universi. Videte, fratres,
quomodo barba Hiezechielis prophetae dissipata est, 32b
20 partim ad combustionem, partim ad concisionem, partim
ad dispersionem, et item quarto loco partim ad combustionem.

ꝯ CAP. XIV. *Quod debeat esse ad cautelam et in signum
barba prophetae barbae conversorum.*

Quod si barba tanti prophetae pro peccatis alienis rasa
est et ad combustionem deputata, quid merentur illorum
25 barbae, qui propriam culpam non verentes, scientes et
prudentes movent tempestatem quae facit animas naufragari? Hoc est enim quod in aliis litteris dixi: Barbae
illorum fiant in combustionem et cibus ignis, qui scientes

11] Joh. 6, 61.   14] Joh. 13, 27.

30

et prudentes movent tempestatem, quae facit animas naufragari. Puto si cum sapientia barbas nutritis, quod ad hoc anathema pariter respondetis: Fiat, Fiat. Non 33*a* enim nocebit anathema combustionis barbis vestris quia pacem et veritatem diligitis. Denique cogitate memoriter 5 barbam Hiezechielis prophetae, ut cuius barba pro reatibus alienis tot iudiciis est addicta vobis sit ad cautelam et in signum, ne propriis culparum causis exigentibus barbae vestrae vel nutriantur ad confusionem, vel iudicentur ad combustionis condempnationem. Hoc et 10 advertite diligenter ut quemadmodum ille propheta non nisi unus et idem erat, et cum prius barbam nutriret et postea cum barbam rasisset, sic et nos et vos per illam significationem unum et idem sumus, quoniam prius barbam non radens conversorum barbas non radentium 15 tenuit consuetudinem, et postmodum barbam radens monachorum praefiguravit ordinem. Non itaque deinceps debetis esse scrupulosi vel querelosi questionibus, cur dicamini conversi, sive quare barbas non radatis, 33*b* cum ita debere fieri ratione probatum sit et auctoritate. 20

Sermo III. De Natura barbarum.

⋳ CAP. I. *Prima consideratio de natura barbae.*

Est autem aliud quod de natura barbarum inquirere debeamus, ut sicut edocti sumus per habitum et privationem barbarum ad fidei formam et morum disciplinam, sic et in barbis opus naturae miremur, immo glorificemur opificem naturae, cuius sapientia in condi- 25 tione barbarum apparet admirabilis et potentia laudabilis. Cuius rei prima consideratio est quod barba sexum a 34*a* sexu discernit, viros a feminis, quoniam virorum est ex natura barbas habere, feminarum sine barbis esse. Contingit tamen, licet raro, et viros fieri sine barbis et feminas habere barbas.

ꝗ CAP. II. *Secunda consideratio de barbae natura.*

Secunda consideratio est quod in eodem sexu, virili
5 scilicet, quibusdam aetatibus ex natura proprium sit barbas omnino non habere, aliis, nisi ex ingenua vitiositate vel ex accidenti occasione contigerit, penitus barbis non carere. Sicut enim proprium est infantibus et pueris in his aetatibus sine barbis esse, ita reliquis aetatibus in
10 adolescentia barbis incipientibus pullulare, juvenum videlicet et senum natura confert sine barbis esse non debere, nisi sicut iam dictum est aut vitiositas ingenita contradicat, aut occasio ex tempore accidens auferat. *34b*

ꝗ CAP. III. *Quibus occasionibus barbae non habeantur aut perdantur.*

Ex vitiositate ingenita contradictio barbarum fit, cum
15 a conceptione ad partum masculi tam frigidae complexionis prodeunt ut quidam eorum nec feminas cognoscere valeant et usque ad ultimam aetatem imberbes permaneant. Ex accidenti occasione auferuntur barbae, cum violenter vel medicinaliter genitalibus abscisis, barbis
20 quas habituri fuerant viri privantur, aut si iam habuerant barbas omnino defluant illis aut multum rariberbes fiant.

ꝗ CAP. IV. *De differentiis inter imberbium et manerias barbarum et coaptatione morali per singula.*

Caveant igitur eunuchi, sive naturales sive artificiales sint, ut qui barbis a mulieribus non discernuntur, quia imberbes sunt, virtute virili fiant dissimiles, quia mulieres *35a*

32

non sunt. Alioquin deputabuntur inter effeminatos, quia et barbis carent et mollitie feminas imitantur. Caveant similiter qui pleniberbes sunt, ne viros pleniberbio mentiantur, si fuerint inventi molles et effeminati. Rariberbes autem qui vulgo *rasbagi* vocantur inter imberbes et 5 pleniberbes medii sunt; hii namque ab imberbio discesserunt et non pervenerunt ad pleniberbium. Discesserunt ab imberbio sed non longe, accesserunt versus pleniberbium sed non prope. Per nullum et multum differunt imberbium et pleniberbium. Sicut enim im- 10 berbium nulliberbium est, ita pleniberbium multiberbium est. Hac ratione sicut imberbes nulliberbes sunt, ita pleniberbes multiberbes sunt. Rariberbes vero, quia inter imberbium et pleniberbium medii sunt, caveant esse monstruosi, ne simul compingant virum et feminam 15 quia nec imberbes nec pleniberbes sunt. Quia pleniberbes non sunt minus viri videntur, et quia non sunt imberbes virorum nomen sortiuntur. Rariberbes igitur cum pleniter viriles sunt ab imberbibus longius dissimilitudine separantur, et pleniberbibus adhaerent vicinius; cum 20 autem enerviter molles sunt rariberbes, imberbibus vicinius conformantur et a pleniberbibus semoventur spatiosius. Pleniberbes si pleniter viriles sunt, foris et intus est illis gloria, sicut imberbibus si nichil virilitatis

35*b*

5] rasbagi: vox ista cuius significatio plane indicatur, alioquin prorsus ignota videtur, nec dialectum quidem ex qua desumpta sit, asserere audeam. Nota tamen quod supra p. 12 autor vocem "bavosos" sermone vulgari usitatam esse praedicat, quae vox gallicae linguae propriam esse haud dubitatur. Ideo in gallico potius quam in teutonico vernaculo istius vocis radix quaerenda videtur, praesertim cum in illis temporibus in Burgundia gallicam dialectum in usu fuisse ex diversis monumentis constet.

habent, foris et intus est confusio et ignominia. E duobus
tamen imperfectis melius est imberbes esse viriles, quam
pleniberbes effeminatos. Rariberbes autem studeant esse
viriles, ut pleniberbes pleniter imitentur, et caveant esse
5 molles et effeminati, ne velut imberbes de imberbio, ita
ipsi de rariberbio derideantur.

   Sunt et aliae differentiae quae de barbis trahuntur, 36a
sicut eberbium, tardiberbium, citiberbium, quibus dif-·
ferentiis, tamquam qualitatibus, eberbes, tardiberbes,
10 citiberbes informari dinoscuntur. Eberbes cum imberbibus conveniunt et differunt. In eo quod conveniunt
contingentia sunt, quoniam eberbes sunt imberbes et
imberbes eberbes. In eo quod differunt opposita sunt,
quoniam sunt imberbes qui non sunt eberbes, sicut sunt
15 eberbes qui non sunt imberbes. In eo quod sunt opposita
imberbes sunt ex natura, eberbes ex artificio. In eo quod
contingentia sunt et imberbes et eberbes simul sunt ex
natura et artificio. Eberbium tamen plus sonat artificium
quam naturam, imberbium plus naturam quam arti-
20 ficium. Eberbium namque sonat extra barbam de barba
fieri, quod artificii est, et imberbium sine barba esse,
quod est naturale. Eberbes sunt ex artificio qui barbas
radunt, hoc est quibus barbae raduntur. Imberbes ex
natura feminae. Imberbes et eberbes ex natura simul et
25 artificio eunuchi. Quod pueri sunt imberbes ex natura 36b
est per frigiditatem. Quod feminae sunt imberbes ex
natura est per frigiditatem. In pueris excludit aetas
aetatem et de imberbio transeunt ad barbas per naturam.
In mulieribus per omnem aetatem conservat imberbium
30 natura.

∾ CAP. V. *De barbis feminarum contra naturam sicut Gallae.*

Contra naturam tamen repertae sunt mulieres habuisse barbas. Ex quarum numero quandam feminam Gallam nomine et barbatam fuisse, et causam cur barbam 5 habuerit, beatus Gregorius in suo dialogo refert. Quibusdam autem praemissis de barba et causa barbae subjungit: Huic, inquit scilicet Gallae, cum valde ignea conspersio corporis inesset, ceperunt medici dicere quod nisi ad amplexus viriles rediret, calore nimio contra naturam 10
37*a* barbas esset habitura. Quod ita quoque post factum est. Quod pluraliter dicit barbas et non barbam habuisse Galla, de consuetudine scripturarum est, quae et plurale pro singulari et singulare pro plurali ponunt frequenter. Nam sicut hic barbas pro barbam dictum est, sic in supra- 15 positis exemplis barbae pluraliter pro barbarum et barba pluraliter pro barbae positum est. Est autem primum exemplum illud: "Tulit Anon servos David rasitque dimidiam partem barbae eorum." Ecce barbae pro barbarum, genitivus singularis pro genitivo plurali. 20 Secundum exemplum est illud: "Manete in Hierico donec crescat barba vestra." Ecce barba pro barbae, et nominativus singularis pro nominativo plurali. Sicut enim una mulier Galla non habuit barbas, sed barbam, ita plures viri non habuerunt barbam sed barbas. Quod 25
37*b* autem medici dixerunt mulierem illam contra naturam barbas habituram, non sic intelligendum est, ut medici naturam culpent vel accusent, qui naturae scrutatores et defensores sunt, sed illud contra naturam, hoc est

2] Galla femina barbata Symmachi filia. Vide Gregor. Dial. l. IV, cap. XIII, Migne, P.L. LXXVII, 340.

contra consuetum cursum naturae, quod femina barbata
fieret medicos dixisse non dubium est. Sicut enim in
mulieribus natura per ingenitam naturalem frigiditatem
operatur ut minime barbas habeant, sic operata est in
5 Galla per accidentem nimium calorem ut secundum
consuetudinem aliarum imberbis non remaneret sed
barbata fieret. Et sicut decus et decor viri est propter
naturae consuetudinem barbam habere, ita decus et
decor muliebris est barba carere. E diverso quoque
10 sicut deformitas et confusio est viri sine barba radicitus
permanere, ita foedum est et contumeliosum mulierem
barbatam esse. Sed Galla maluit amplexus viri vitare
barbata, quam castitatis sponsum deserere, et ad honorem 38a
et gloriam fetidae carnis imberbis permanere. Propterea
15 dictum est illic de illa: "Sed sancta mulier nichil ex-
terioris deformitatis timuit, quia interioris sponsi speciem
amavit; nec verita est si hoc in illa foedaretur, quod a
celesti sponso in ea non amaretur." Optimum, fratres,
exemplum mulieris ad viros, quae barbam non erubuit,
20 quia conditorem barbae dilexit. Si quis inter vos imberbio vel rariberbio minus decora facie est, ut derideri
formidet, aemuletur Gallam mulierem barbatam, quae
faciem barba foedatam non erubuit, ad cuius exemplum,
sicut ipsa de barba, sic ille de imberbio vel rariberbio non
25 confundatur, interiori formositate delectatus. Illud tamen
quod Galla non barbam sed pluraliter barbas habuisse
refertur, aliter quam expositum sit intelligi potest ut 38b
per barbas pleniberbium intelligatur; ut videlicet nichil
aliud sit Gallam barbas habuisse quam fuisse pleniberbem.
30 Hoc denique magis monstruosum videbatur si femina
pleniberbis apparebat, quam si saltem rariberbis vide-

15] sancta mulier: Gregor. Dial. l. cit.

retur. Et quod pleniberbium tres species barbarum continet, cum totae simul tres adsunt, non incongrue potest dici barbas habere, qui sic est, ut sit habere barbas esse pleniberbem.

ꝫ CAP. VI. *De triplici specie barbarum in rariberbio, addita et quarta.*

Est autem triplex illa species barbarum: alia mentanea, 5 alia submentanea, alia maxillaris. Est enim interdum barba in maxillis et non est in mento, neque sub mento; interdum sub mento et non in mento, nec in maxillis; 39*a* interdum in mento et non in maxillis neque sub mento. Qui novit et vidit ista testimonium perhibeat veritati de 10 barbarum speciebus. Ea die qua capitulum istud scribere coepi, vidi barbam et tenui quae tantum erat in mento et non in maxillis neque sub mento. Frater Ogerius dictus est ille qui huic speciei barbae dat testimonium: barbatus in mento et non in maxillis neque sub mento. 15 Unusquisque vestrum sentiat barbam suam et si se pleniberbem invenerit species quaerat alias si vult. Quod si rariberbem se invenerit experiri poterit, qua specie rariberbii ditavit eum natura, vel qua reliquit eum pauperem et egenum. Invenitur tamen quarta rariberbii maneria, 20 quae in maxillis et in mento et sub mento sparsim pilos plantavit. Et haec quidem neque sub pleniberbio neque 39*b* sub tribus praedictis speciebus rariberbii continetur.

ꝫ CAP. VII. *De ludo sapientiae cum natura, non solum in barbis sed etiam in ceteris rebus.*

In omnibus his apparet natura mirabilis et sapientia laudabilis et iocunda, et non solum in barbarum varie- 25

1] pleniberbium: MS. rariberbium.

tatibus sed in cunctis rerum generibus sapientia pro
iocunditate sua ludere refertur, ludens coram deo et
ludens in orbe terrarum. Ludit coram deo sapientia pro
natura, ludit in orbe terrarum cum natura. Quod
5 sapientia ludit coram deo pro natura, contemplatio est
et gaudium angelorum. Quod sapientia ludit in orbe
terrarum cum natura, admiratio est et iocunditas hominum. Propterea ipsa loquitur de ludo suo quem facit
cum natura, componens cum deo cuncta per naturam,
10 in natura, cum natura et dicit: "Quando appendebat
fundamenta terrae cum eo eram cuncta componens et 40a
delectabar per singulos dies, ludens coram eo omni
tempore, ludens in orbe terrarum, et deliciae meae esse
cum filiis hominum." Delectabar, inquit, ludens. Ecce
15 delectatio sapientiae de ludo suo in operibus naturae et
praecipue in illis quae ad homines pertinent, quia deliciae
eius esse cum filiis hominum. Quis non videat inter
barbaturam et imberbium et opus naturae admiratione
dignum et ludum sapientiae iocunditate gloriosum?

ed CAP. VIII. *Quomodo rident homines, aut bene aut*
male, de ludo sapientiae in barbis, vel in rebus ceteris.

20 Omnis ludus movet risum, et omnis risus habet gaudium.
Propterea de barbatura et imberbio propter ludum
sapientiae rident homines, sed alii rident cum iocunditate
ad laudem et honorem et gloriam sapientiae, alii rident
cum iocositate ad incrementum et propalationem stulti- 40b
25 tiae. Jocundantur sapientes in risu et non irrident, stulti
iocantur in risu et derident. Risit Sara de ludo sapientiae
cum natura, cum sterilitati fecunditas promittebatur. Sed
Sara risit cum iocunditate et risum genuit iocunditatis

10] Prov. 8, 29–31.

38

filium, videlicet Ysaac pro risu matris sic appellatum et interpretatum risum. Riserunt pueri stulti de calvitio Helisei et deriserunt calvum dicentes: Ascende calve, ascende calve! Sed quia deriserunt opus naturae et opera- tionem et ludum sapientiae a duobus ursis strangulati 5 sunt, quotquot fuerunt qui calvum deriserunt. Ita stulti derident in barbis et imberbio et rariberbio opus naturae 41a et operationem et ludum sapientiae cum natura. Cum stulti vident senes aut viros adultos imberbes et feminas barbatas rident et opus naturae et operationem et ludum 10 sapientiae cum natura derident. Sed quia sapientia nos docet et erudit ex operatione sua, in operibus naturae exponit naturam ad figuram, et de figura sacram doc- trinam, et de doctrina mores informat et instruit ad disciplinam. Haec iccirco interseruimus ut de tribus 15 praefatis speciebus rariberbii, hoc est mentanea, sub- mentanea et maxillari, misticam aut moralem eliciamus intelligentiam ad sapientiae laudem et gloriam et ad- mirationem naturae.

ꝯ CAP. IX. *De morali sensu barbae mentaneae et sub- mentaneae, hoc est barbae in mento et barbae sub mento.*

41b Quid est ergo mentum nisi mentis acutum? Et quid 20 est mentis acutum, nisi mens acuta quam exacuit sa- pientia? Et quid est in mento barba, nisi in mente acuta inhabitans sapientia? Quae autem barba sub mento est submentanea dicitur, sicut et illa barba quae in maxillis est, maxillaris appellatur. Barba sub mento barba in- 25 ferior, barba in mento barba superior; barba in mento sapientia de divinis quia superior, barba sub mento sapientia de humanis quia inferior. Barbam habere in

2] IV Reg. 2, 23.

39

mento, mente est excedere deo per contemplationem, barbam habere sub mento sobrium est esse hominibus per compassionem. Inde est quod apostolus ait: "Sive mente excedimus deo, sive sobrii sumus vobis." Sive
5 mente excedimus deo, hoc est barba in mento; sive sobrii sumus vobis, hoc est barba sub mento.

eℓ CAP. X. *De barba caprae et magno eius misterio diligenter discusso.*

Est aliud aliquid satis mirabile de barba sub mento quod 42a dicere nos oportet. Ego vero miror et mirari non sufficio, quare capra barbata sit cum omni fere progenie sua, et
10 non sit aliud genus animalis bruti praeter istud cui datum sit a natura barbam habere. Habet autem hoc genus sicut scitis omnes barbam sed non nisi sub mento. Sed quis valeat scrutari secretas naturae causas, cum, sicut scriptum est, nichil fiat in mundo sine causa? Sed in
15 causis occultis latent divina misteria et in omnibus his sapientia ludit in orbe terrarum cum natura. Quis nobis hoc involucrum questionis evolvet, ut sciamus cur haec animalium brutorum species hanc socialem habeat similitudinem cum homine, quia barbam habet? Sic tamen
20 est haec similitudo ut dissimilis dupliciter inveniatur, quoniam hoc animal in utroque sexu barbam habere 42b dinoscitur per naturam, et homo non nisi in masculino naturaliter; et item haec animalia non habent barbam nisi sub mento, cum proprium sit hominis ex natura
25 barbam habere in mento et in maxillis atque sub mento, videlicet in sexu masculino et in aetate virili habitui barbae congruenti. Horum autem animalium barbae

3] II Cor. 5, 13.

40

praeiudicium non facit aetas, quoniam statim nata appareant barbata si barbam habitura sunt. Itaque si
naturam et causam cur ita sit ignoramus, de natura
figuram ad misterium fidei vel morum doctrinam inquirere studeamus. Hoc animal in scripturis sacris magnae 5
significationis locum tenet, quoniam non solum peccatoris sed etiam salvatoris repraesentat figuram. Proinde
merito barbam in utroque sexu habere debuit hoc
animal, quoniam salvator iuxta tipum legis et docu-
43ª mentum, in huius repraesentatione animalis immolatus, 10
sicut utrumque sexum masculum et feminam creavit,
sic utrumque redimere venit atque salvare. Hoc animal
igitur merito barbam habuit, quia et sapientiam incarnatam pro peccatoribus immolandam et sapientiam
mundi, quam stultam fecit sapientia domini praefiguravit. 15
Et quia homo per rationem et sapientiam ad imaginem
et similitudinem dei conditus fuerat, amissa similitudine
divina per peccatum in similitudinem bestialem decidit
et mox in illo non nisi sapientia carnis apparuit, quod
monstrat in bruto animali praedicto barba sub mento. 20
Quia enim homo peccando a sapientia divinae mentis
declinavit, statum suae mentis perdens, nichil iam nisi
sub mente, hoc est in carne, sapere potuit. Et iccirco
praefiguratus est et praescriptus hircus peccatori pro
43ᵇ signo, ut fetore illius et barba submentanea recognoscat, 25
quantum deo displiceat immunditia peccati, et sapientia
carnis quam inimica est illi. Et quoniam hoc totum
foetet apud deum, immolari iubetur hircus ut in odorem
suavitatis domino convertatur immolatus. Pro similitudine vero carnis peccati salvatorem figuravit haedus, 30
ut barba quae est illi sub mento sapientiam incarnatam
et inferioratam signaret, et immolatione sua daret in-

telligi, quod ille in cruce peccata toleraret aliena qui
propria non haberet. Quod autem hoc animal statim
barbatum nascitur, secundum opiniones supradictas, quia
figuram peccatoris tenet, congrue videtur insinuare,
5 quod nec infans cuius vita unius diei est super terram
sine peccato est. Nasci enim in peccato tam foedum est,
quam indecorum et enorme foret si nasceretur infans
barbatus. Potest tamen et alterius significationis esse 44a
demonstratio, ut videlicet quia virtutem et sapientiam
10 barba significat, hoc animal cum nascitur statim barbatum, monstret hominem in prima conditione sua
virtute et sapientia praeditum et virili maturitate decoratum. Proinde diligenter consideret homo transgressionis suae culpa pariter et poena multatus in hoc
15 animali sibi repraesentari quod se doleat perdidisse et
recuperare laboret et quod cogitur sustinere evacuare
festinet. In immolatione huius animalis sustineat poenam
et purget culpam et in consideratione barbae ipsius reparari studeat ad virtutem et sapientiam. Cogitet ad
20 quid duos haedos optimos Jacob edoctus a matre sua
patri suo studuit festinavitque parare quibus ille libenter
vesceretur, quoniam refectio salvatoris est delectabilis 44b
et accepta conversio peccatorum. Et quia mater sapiens
filium astute et sapienter instruxit, cibos parari non nisi
25 de barbatis animalibus, edocuit ut in uno haedorum
domini virtutem et sapientiam insinuaret immolandam,
in altero peccatorem purgandum a culpa per poenam,
et reparandum ad cognitionem veritatis et amorem
virtutis, quod in barbis haedorum monstrabatur. Et
30 erat haedus unus exemplar haedi alterius, ille qui erat
in poena sine culpa illius qui erat in poena et culpa

20] Gen. 27, 9.

42

pro exemplari dictum est. Christus passus est pro nobis vobis relinquens exemplum ut sequamini vestigia eius, qui peccatum non fecit nec inventus est dolus in ore eius.

Fuit etiam, sicut lex docet, hircus emissarius, qui non 5 est immolatus sed emissus in desertum; quia Judaei dimitti sibi petierunt Barrabam, hircum foetidissimum, 45a cuius barba barbis eorum comparata non sapientiam sed insanam stultitiam repraesentat. Et cum dicunt: "Nolumus dimitti Christum sed Barrabam" a mente alienati 10 amentes facti sunt, et quasi sub mento barbati hircos foetidissimos in se transfiguraverunt, dum hircum putidum elegerunt ad vitam et hircum immaculatum et suave olentem condempnaverunt ad mortem. Sed nec illud a doctrina veritatis videatur extraneum, quod caper 15 emissarius divinitatem Christi significavit, quae a dolore mortis fuit aliena propter impassibilitatem, alter vero caper qui immolatus est, humanitatem quae in Christo mortem pertulit propter carnis assumptionem. Nos autem umbram Judaeorum non sequentes, in manifesta- 20 tione veritatis ambulantes, relinquamus illis hircos bar- 45b batos, et tauros, et arietes cornutos, et alia legis velamina, sub quibus lentus et somnolentus dormit Judaeus. Hircina barba dependet illi sub mento, et tegens pectus eius tegat cor illius, ne intelligat veritatem. Propterea Judaeus 25 deridetur ab omnibus, quoniam sicut dictum est, barba hirci dependet illi sub mento, et non intelligit magnum pietatis sacramentum quod manifestatum est in carne et assumptum est in gloria. Immolat hircum Judaeus, ut ungatur barba et gula illius saginetur, non ut misterio 30 veritatis intellectus illius illuminetur, sed, ut vulgo dicitur,

3] I Petr. 2, 22.

43

crassas sibi faciat barbas arvinam ructando. Ut turgeat illi venter et pinguescat umbilicus, hircos cum medulla tritici vorat Judaeus et sanguinem uvae meratissimum bibit, ut inebrietur et mentis sensus alienetur ab intel-
5 lectu sobrietatis. Ad derisionem barba hirci Judaeus 46a appelletur, cui contra sapientiae intellectum depravata mente barba est sub mento et non in mento.

ꝯ Cap. XI. *De barba maxillari et morali significatione multipliciter explanata.*

De maxillari barba restat dicendum quae duplicem mandibulam complectitur a dextris et a sinistris et genas
10 ornat utrasque. Si, quod vitiosum est in hac barbae figuratione prius explanetur, qui sic barbatus est cognoscet quid illum oporteat devitare. Est siquidem turpis et enormis huiusmodi barbae compositio, cum neque in mento neque sub mento sed tantum in maxillis apparet
15 barbatura. Sunt qui volunt videri sapientes et iactitant quod nesciunt, sed mente sunt indecori mento femineo virile decus negantes et meretricia lenocinatione oculos 46b intuentium se allicientes, quasi sub mento barbas non habent. Quia quemadmodum meretrices per submen-
20 taneum gutturis decorem turpiter amantium concupiscentias inflammant, sic isti lenocinium suum concupiscibile prostituunt et venale. Unde Salomon guttur meretricis nitidius oleo propter concupiscibilem alliciendi contuitum affirmat, quae pars nullam excitaret concu-
25 piscentiam si barba esset sub mento. Huiusmodi denique barbatura dumtaxat maxillarum in illis maxime solet apparere, qui adolescere incipiunt et de novo pubescunt.

22] Prov. 5, 3.

44

Haec aetas primordia lasciviendi parit, et ad turpitudinem vitae sequentis argumenta confingit. Jam enim cum de imberbio ad pubertatem barbaturae transit 47*a* adolescens et juvenis a lasciviendi levitate deinceps debet temperari ut sit cum barba maturitatis gravitas, sicut 5 ante cum imberbio levitas apparebat. Imberbis enim adolescens aut juvenis; sicut signum levitatis et lasciviae gerit in imberbio, ita nimirum iam propria libertate utens studiis et actionibus suis efficaciter monstrat, iuxta illud Oratii: "Imberbis juvenis tandem custode remoto 10 gaudet equis." Sed quia rursum in maxillis sacra scriptura doctores figurative denuntiat, cum tales inveniuntur qui dicunt et non faciunt, hoc genere rariberbii deturpantur, quia solum in maxillis barbas habent et non in. mento neque sub mento. De maxillis proferunt verba 15 ubi tantum est barba, sed in mente non habent vota, quia in mento non est illis barbatura, qui mente non excedunt deo per vota. Sub mento barbas non habent, 47*b* quia sobrii non sunt illis quos docent, quibus nec providentiam nec compassionem exhibent. E contrario qui 20 mente excedit deo per vota, quod est in mento barbam habere, dicit illi: "In me sunt, deus, vota tua, quae reddam laudationes tibi?" Item dicit: "Reddam tibi vota mea quae distinxerunt labia mea." Quae? "Holocausta medullata offeram tibi cum incenso arietum." 25 Holocausta in devotione mentis qua excedo tibi te contemplando; "cum incenso arietum" in ducatu gregis cum fervore caritatis, sobrius subditis existens providendo atque compatiendo. Offeram etiam boves cum hircis; boves, duritiam cordis ad patientiae fructifica- 30

10] Hor. Ars poet. 161–2.   19] Cp. II Cor. 5, 13.
22] Psal. 55, 12.   23] Psal. 65, 14.   24] Psal. 65, 15.

tionem exarando, cum hircis, carnem cum vitiis et
concupiscentiis crucifigendo, ut sit hirco qui immolatur
barba sub mento. His modis est barba in pleniberbio
in maxillis et in mento atque sub mento.   48a

5   Barba denique maxillaris in doctrina secundum scrip-
turas patientiam et consolationem quasi duplicem mandibulam tenet et in his spem habendam denuntiat, secundum
illud: "Quaecumque scripta sunt ad nostram doctrinam
scripta sunt, ut per patientiam et consolationem Scrip-
10 turarum spem habeamus." A sinistris est patientia, a
dextris consolatio, ut genas utrasque barba cognoscatur
ornare. Vel ideo barba maxillaris utramque mandibulam
in quibus dentes molares sunt occupat, quia qui docet
et sibi mandit, et illis quos docet mandit. Mandenti sibi
15 dicitur: Macta et manduca. Aliis mandenti dicitur:
Frange esurienti panem tuum. Mandentibus sibi et aliis
dicitur: Vos qui habitatis terram austri, cum panibus
occurrite fugienti. De illis quibus dimidia pars barbae 48b
maxillaris rasa est, quia sibi mandunt et aliis non man-
20 dunt, lamentatur Hieremias dicens: "Parvuli petierunt
panem et non erat qui porrigeret illis." Ad idem pertinet
quod Hiezechiel dicit: "Vae pastoribus qui pascunt se
ipsos et oves non pascunt." Secundum praedictam inter-
pretationem habet barba maxillaris partem sinistram et
25 dextram propter panem doloris et panem consolationis.
Panis ordeaceus panis doloris, panis angelorum quem
manducat homo panis consolationis. Panem consolationis comedit Helias subter juniperum et ambulavit in
fortitudine cibi illius XL^{ta} diebus et XL^{ta} noctibus usque
30 ad montem dei Oreb. Est etiam in barba maxillari

8] Rom. 15, 4.   16] Isaias, 58, 7.   17] Isaias, 21, 14.
20] Thren. 4, 4.   22] Ezech. 34, 8.   27] III Reg. 19, 8.

significatio fortitudinis, eo quod in mandibula reperitur magna strages hominum facta. Sanson namque mille 49a viros in mandibula asini stravisse refertur et occidisse pariter universos. Nec impedit ad significationem barbae quod mandibula animalis non barbati fuisse memoratur 5 instrumentum proeliandi, quod viros fortes et patientes in sacris codicibus significare non dubium est quibus est ex natura proprium barbas habere. Nam et Isacar asinus fortis a patre dictus est, cuius quidem etsi barba nusquam nominatur, tamen imberbis fuisse non creditur. 10 Qualiter enim Isacar fortis in laudem famae virilis diceretur, si femineae molliciei vel habitus effeminati signa quaelibet apparerent in illo? Ad hanc quoque considerationem fortitudinis, quam barba maxillaris significat, mandibula duplex, dextra videlicet cum 15 49b sinistra, convenienter respondet. Fortitudo siquidem a sinistris frangi nescit adversis, nec a dextris prosperis elevari. Et qui novit habundare et penuriam pati sicut apostolus, utramque maxillam habet ornatam barba decenti. Et qui percussus in maxillam unam praebet 20 et alteram, virum fortem monstrat illum barba maxillaris ornans et decoram exhibens utramque partem signo virili.

ꝗ CAP. XII. *Quinque sunt quae pariter debent adesse, quorum signum est barba; ne falsum sit signum et falsa sit barba.*

Omnino barba decet virum ad signum decoris, ad signum fortitudinis, ad signum sapientiae, ad signum 25 maturitatis, ad signum religionis; et cum ista pariter

2] Jud. 15, 15.   7] significare: scil. asinos.
8] Gen. 49, 14.   18] Philip. 4, 12.   20] Lucas, 6, 29.

adsunt in viro, pleniberbium jure potest dici non semi- 50a
virum aut feminivirum sed plenivirum monstrante
barba, quae pleniter apparet in mente et in maxillis
atque sub mento. Si vero praefata virilitatis bona signo
5 barbae non respondent, signum mentitur et falsum est
signum et falsa est barba, digna plane incendio, ut fiat
in combustionem et cibus ignis. Attendite, fratres, et
videte quandam similitudinem ad signum barbae, ut
cavere sciatis, ne signum barbae falsum sit et barba sit
10 falsa. Circulus quidam in fronte domus vel tabernae
ponitur, ut sit vini signum et signet vinum esse in domo,
vel in taberna. Si vinum est in domo vel in taberna,
signum verum est et quaerentes vinum dirigit ad in-
veniendum. Quod si vinum non est in domo cui prae-
15 fixum est signum, signum falsum est et fallit quaerentes 50b
et incurrit maledictionem combustionis, quia fatigatos
in quaerendo dimittit inanes. Notate quod sic est de
barba, de qua iam longum sermonem fecit Barbilogus
iste, hoc est faciens sermonem de barba; et quid est
20 sermo de barba nisi Barbilogia? Qui barbilogiam istius
barbilogi legerit diligenter, attendat tribus capitulis esse
distinctam videlicet de barbarum mundicia, de compositione, de natura (in quibus etiam non negligat
considerare quid ad ministerium fidei, quid ad mores
25 pertineat).

23] "in quibus...pertineat." Addita in margine eadem
tamen manu. Capitulum XIII et sequentia usque ad finem
posterius addita videntur et verisimile est sermones tres ut
hucusque reperiuntur re vera in capitulo fuisse enunciatos,
reliqua in elaborando librum scriptum adjuncta esse.

De natura barbarum non omnia dicta sunt, quae curiosa
inquisitione possent inveniri. Etenim cum de natura
rariberbii et pleniberbii etiam imberbii superius plura
51a disseruerimus, citiberbium et tardiberbium interserentes,
nichil de illis sumus prosecuti. Sed ne videamur ignoran- 5
tiam scientiam profiteri, sic nos dicimus de natura supra-
dictorum disseruisse, non quod causas et rationes naturae
per singula fuerimus perscrutati, quod quidem ignoramus, sed quia quae fiunt secundum naturam et ordinem
naturae illa sermocinando narravimus, quod equidem 10
minime nescimus. Quis enim ignorat qui sint citiberbes
et tardiberbes et hoc esse secundum naturam? Et rursum
quis ignorat quosdam juniores saepe suos seniores in
barbas habendo quĕmadmodum et canos praevenire?
Inde quidam dixit: "Intempestivi funduntur vertice 15
cani." Quibus barbae cito veniunt, horum alii gloriantur
pro novitate, alii verecundantur pro intempestiva aetate.
51b Illorum similiter quibus barbae tarde veniunt alii dolent
quod derideri formidant, alii gaudent quod semper
juvenes apparere desiderant. Illi qui prae verecundia 20
dolent sibi tardare barbas solent mentum suum et maxillas
melle vel aliis unctionibus linire, vel etiam radere ut ad
pullulationem barbas provocent, quemadmodum et illi
qui canos erubescunt rubro colore capillos tingunt, quia
magis volunt apparere rufi quam cani. Inter hos tamen 25
derisione digni sunt, qui cum vetuli sint naturae contradicunt, quod non intempestivi funduntur vertice cani.
Illi vero quos natura contra consuetudinem suam antici-
pando canis perfundit, naturae quidem obviant, dum
colorem naturalem adultérino tegunt colore; sed in hoc 30

15] Intempestivi....Boëthius, Consolatio, I, l. 11.

paululum videntur excusari, quia aetas illorum quandam 52*a*
injuriam pati videtur cum aetas quam non decent cani,
canos habet, sicut et aetas quam non decet barba, barbam
mittit. Si ante adolescentiam barba venit, citiberbium
5 est, si post adolescentiam differt venire, tardiberbium
jure vocatur. Quibus in adolescentia barba venit nec
citiberbes nec tardiberbes debent judicari, nisi in ipso
exitu pueritiae barba nimis densescat, vel in ingressu
iuventutis nimis rarescat. Quibus vel saltem in exitu
10 iuventutis barba pullulare desierit, hii iam deinceps per-
manebunt imberbes.

ಟ CAP. XIV. *De significatione fidei et morum in*
citiberbio et tardiberbio.

Citiberbium et tardiberbium sicut reliquae species barbaturae ad significationem fidei vel morum aliquid 52*b*
portendunt. Qui citius ad sensum prudentiae proficiunt
15 citiberbio decorantur. Qui lenti et inertes inveniuntur
et per ignaviam suam hebetes et tardicordes ad perci-
piendam morum disciplinam minime festinant, tardiberbes merito nominantur. Sic tamen si vel saltem circa
senectam et senium deus non derelinquat eos ut senes
20 infatuati non permaneant, sed in aetate sensibus sapientiae
congrua mirabili modo sapere ordiantur, sicut mirabile
foret, si vel in illa aetate tunc primum illis barba pullu-
laret.

ಟ CAP. XV. *Quomodo barba est ad signum decoris.*

Ad signum decoris citiberbium quibusdam prodest et
25 quibusdam videtur obesse. Quibus in mento vel sub
mento aut in maxillis naevorum vel macularum deformi- 53*a*
tates apparent, opus habent citiberbio, ut operimento

ñ sit op̄ semp; Et ttibbiũ illis tautũ obēē ui
deō. q̄s barba fac̄ etatis apparere ꝑlixio
ris. q̄ sint ꞇ inde uerecondi s̄t; Nam ꞇh
uirtũ fere cunctis adest. ut uicissim ꞇ in
uicē contendere soleant de imparitate an
norũ ꞇ etatũ. æ uelint semp alt alio iuni
or apparere· aut mꞗ senex· ꞇ sit concer
tatio de barbis ꞇ canis· quasi isti sint in
tempestiui· æ ille uenerint festine; Ab
hac t̄n concertatione excliuli s̄t imbbes
q̄s ꝯp̄t longe sup̄dictas occasiones ꞇ cau
las sine barbis constat ꝑmanere; His aut
sit ad solatiũ· q̄ radendi barbas· ꞇ sollici
tudynē ꞇ laborē ꞇ dolorē ꝑdideūt· illi
dūtaxat q̄b incomber ex ordine radi
barbas debere· si barbe ad̄ecint· que iudi
                                    possent.

barbae foeditates illae tegantur. Gutturosi densitate barbarum et prolixitate multum indigent, quibus hoc vitium est sub mento. Quibus vero mentum aut nimia turgiditate aut inconvenienti exilitate vitiosum apparet, his etiam opus est barbae velamento. Quibus autem maxillae 5 aut macilentia nimis incongrua, aut crassitudine inhonesta sordent, et citiberbio et pleniberbio opus habent facies velari. Rugosis denique faciebus aut verrucis enormiter stipatis ad signum decoris opus est barbae tegumento. Si praefatae vitiositates nativae sunt, citiberbium neces- 10 sarium est; si ex tempore accidentaliter adveniunt, opus 53*b* est semper pleniberbio, etiam si citiberbio non sit opus semper. Citiberbium illis tantum obesse videtur, quos barba facit aetatis apparere prolixioris quam sunt, et inde verecondi sunt. Nam et hoc vitium fere cunctis 15 adest, ut vicissim et invicem contendere soleant de imparitate annorum et aetatum, et velint semper alter altero junior apparere aut minus senex; et fit concertatio de barbis et canis, quasi isti sint intempestivi et illae venerint festine. Ab hac tamen concertatione exclusi sunt 20 imberbes quos propter longe supradictas occasiones et causas sine barbis constat permanere. His autem sit ad solatium, quod radendi barbas et sollicitudinem et laborem et dolorem perdiderint, illi dumtaxat quibus incomberet ex ordine radi barbas debere, si barbae 25 adessent quae radi possent.

26] In margine inferiori huius paginae pictura quaedam, quae mihi quidem rasorium figurare videtur. Cum haec figura unica in toto codice invenitur procul dubio significationem aliquam habere necesse est, nec in merum ornamentum apposita.

Ad signum fortitudinis prodest barba, si barbae signo
respondeat fortitudo. Nam si mollis et effeminatus est
cui barba praestat decorem Diotrepem imitatur, qui
insaniens decor interpretatur. Hunc dedecorat vulgi
5 proverbium quo dicitur "bellus pravus", cum sit enerviter mollis habens in barba signum fortitudinis. Denique
sicut frustra pulcras tibias habet claudus, sic in vanum
gerit barbam mollis et dissolutus. Et sicut non ad
gloriam sed ad confusionem adesse non dubitatur claudo
10 tibiarum pulcritudo, ita decoratum barba reddit con-
fusione dignum mollicies et dissolutio. Huius rei exemplum apparet in filio Saul Mifiboset, qui barba
decoratus erat ad signum fortitudinis, et tamen utroque
claudicasse pede refertur ad signum debilitatis et dissolu- 54b
15 tionis. De hoc ita narratur: Mefiboseth quoque filius
Saul descendit in occursum regis illotis pedibus et intonsa barba. Iste Mefiboseth filius Saul dicitur, quia filius
Jonathae filii Saul fuit, cuius illoti pedes et intonsa barba
referuntur, ut personae contemptibilitas et humiliationis
20 vilitas ostendatur, quemadmodum et in claudicatione
pedum debilium illius impotentia declaratur. Qui etiam,
sicut ibidem dicitur, vestes suas non laverat, ut totus
negligentiae deditus ostendatur, et pedibus illotis et intonsa barba et vestibus neglectis in sordibus. Cum ergo
25 de Mefiboseth ista narrantur, secundum litteram vile est
et contemptibile et inhonestum, secundum misterium
laudabile et bonum, secundum mores reprobum et
dampnabile. Denique nomen ipsius quod interpretatur

3] Diotrepem (III Ep. Joan. 9). Hieronymiana Interpretatio hebr. nom. re vera "insaniens decor" interpretatur; vide
Migne, P.L. xxIII, p. 852.   15] II Reg. 19, 24.

55a de ore ignominia, vel oris verecundia, ad cuncta respondet, si diligenter singulis adaptetur. Nam quod vile
est et contemptibile et inhonestum, ignominiosum est
loqui et verecundum ore profiteri, regi videlicet occurrere pedibus illotis et intonsa barba et vestibus neglectis 5
in sordium foeditate. Hoc ad litteram. Ad misterium
vero laude dignum est, quod abjectus et vilis in saeculo
occurrat regi Christo, claudus erectori, infirmus salva-
tori, immundus mundatori, pauper et egenus omnium
bonorum et divitiarum largitori. Et qui in ore omnium 10
erat ignominia et oris cunctorum fabula verecunda,
deinceps conviva regis factus, pedibus lotis et tonsa barba
vestibus preciosis adornetur et gloria et honore coro-
netur. At vero si de morum perversitate per illotos pedes
et intonsa barba, sordidisque vestibus et non lotis 15
55b Mifiboset moralis arguatur, illoti pedes affectus immundi sunt, intonsa barba sapientia carnis multa vanitate
superflua et a turpi questu non recisa, vestes non lotae
actiones sordidae, quae inveniuntur in conversatione
cunctis ad reprobationem exposita et ad derisionem 20
diffamata. Ac per hoc Mifiboseth de ore ignominia
est et oris verecundia, cui et turpia improperantur et
inveniuntur verecunda. Ut quid enim iste Mifiboseth
Meribaal appellatur in Paralipomenon, hoc est litigans
cum altissimo, nisi quia qui perversis moribus est, 25
domini ordinationi resistit et contrarius est semper
divinae et summae voluntati, quod est litigare cum
56a altissimo? Et quid prodest Mifiboseth habere barbam
ad signum fortitudinis, cum ipse sit claudus et debilis?
Audiamus eundem ipsum et vilitatem et debilitatem 30

21] de ore ignominia. Vide Hieron. Interpr. hebr. nom.
in Migne, P.L. XXIII, p. 818.

suam confitentem. Cum interrogasset eum rex David:
Quare non venisti mecum Mifiboseth? ille respondens
ait: Domine mi Rex, servus meus contempsit me; dixi
enim ego ei famulus tuus, ut sterneret mihi asinum et
5 ascendens abirem cum rege, claudus enim sum servus
tuus; et noluit. Videtis itaque, fratres, quod non sit bonum
cum intonsa barba occurrere regi Christo, et iccirco
barbas ex ordinis decreto tondetis, ne si intonsae barbae
vestrae remaneant, crescant ad superfluitatem et incipiant
10 scatere vermibus, sicut et de manna legitur contigisse
propter superfluitatem colligendi. Nam si omne quod
est nimium vertitur in vitium, nec barba debet intonsa 56b
remanere, propter vitia quae vermes sunt, sicut manna
ad superfluitatem colligi non debuit, quod exinde vermi-
15 bus scatere cepit.

CAP. XVII. *Qua ratione vel auctoritate barbae tonderi
vel non tonderi, sicut radi et non radi dicantur.*

Est tamen ratio pro causis et occasionibus tondendi et
non tondendi barbas, sicut et radendi et non radendi,
quod iam superius auctoritate et ratione diffinitum
audistis. In Levitico quippe, quod nundum audistis,
20 mundatus a lepra iubetur extra tabernaculum suum
septem diebus manere. De quo mox ibi subditur: Die
septimo radat capillos capitis, barbamque et supercilia ac
totius corporis pilos. Ecce secreti causa misterii cur radi
barba iubetur. In sequentibus etiam in eodem Levitico 57a
25 cum dictum esset: "Non auguriabimini nec observabitis
somnia, neque in rotundum attondetis comam", statim
subjunctum est, "Nec radetis barbam." Ecce quale

19] nundum: sic, pro: quod nuper audistis.
21] Lev. 14, 9.   27] Lev. 19, 27.

mirum quod superius barba radi jubetur et hic radi prohibetur. , Illic igitur quia infirmitas curata fuit, iussum est abradi signum fortitudinis in barba, ut qui nichil sanitatis aut virium habet ex se, nichil praesumat supra se. Nam propterea post rasionem barbae super- 5 cilia radi precipiuntur, ut ostendatur quia nemo nisi per superbiam de viribus suis aut fortitudine confidit. In superciliis etenim superbia significatur, quae est initium omnis peccati et regina simul vitiorum. Superciliosi namque superbi dicuntur. Unde quidam ait: Pone 10 57b supercilium si te cognoscis amicum. Quasi dicit: Rade superbiam in supercilio, si socialem vitam amici cupis habere. Tunc etiam rades barbam, quod tibi nec decorus, nec fortis nec sapiens videberis. Quod autem inferius dictum est "neque in rotundum attondeatis comam, 15 nec radatis barbam", id contra nos dici videtur, ita tamen ut alterum de duobus, hoc est "non radi barbam" vobis conveniat et contra nos sit, alterum hoc est "in rotundum non tonderi comam" et nobis et vobis ap- pareat contrarium. Sed sensus spiritalis et nobis et vobis 20 convenit, si nos sumus in spiritu et non in carne. Coma capitis cogitationes sunt mentis. Mundus rotundus est, et a rotunditate dicitur orbis. Non igitur "in rotundum tondemus comam", si cogitationes nostras huic mundo minime conformamus, secundum illud apostoli: Nolite 25 conformari huic saeculo. Neque barbas radimus si 58a animas nostras sapientia non spoliamus. Id, fratres, hoc est barbas non radi, attendite foris et intus vobis con- venire.

10] Pone supercilium....Unde sumptum sit ignoro.
25] Rom. 12, 2.

55

· *Augustinus.*

Sicut unguentum in capite quod descendit in barbam
barbam Aaron, quod descendit in oram vestimenti
5 eius.—Aaron quid erat? Sacerdos. Quis est iste sacerdos,
nisi ille qui cum in mundo non inveniret mundum quod
offerret, se ipsum obtulit? Sed a capite venit unguentum.
Caput nostrum Christus est, et venit spiritus sanctus a
capite. Quo? Ad barbam. Barba significat fortes, barba
10 significat iuvenes strenuos, impigros, alacres. Ideo
quando tales describimus, "barbatus homo est" dicimus.
Ergo illud primum unguentum descendit in apostolos,
descendit in illos qui primos impetus saeculi sustinuerunt,
descendit in illos ergo spiritus sanctus. Nam et illi qui
15 primum in unum habitare coeperunt persecutionem 58b
passi sunt, sed quod descenderat unguentum in barbam
passi sunt, passi sunt non victi. Etenim caput iam passum
praecesserat unde descendit unguentum in barbam;
praecedente tali exemplo quis vinceret barbam? Ex illa
20 barba erat Stephanus sanctus. Et hoc est non vinci, ut
caritas non vincatur ab inimicis. Nam visi sunt sibi
vicisse qui persecuti sunt sanctos, illi cedebant, illi cede-
bantur; illi occidebant, illi occidebantur. Quis non
putaret illos vincere, illos vinci? Sed quia non victa
25 est caritas, ideo unguentum descendit in barbam. Attendite Stephanum; seviebat in illo caritas. Seviebat in eos
cum audirent, rogavit pro eis cum lapidarent. Quid
enim ait cum audirent? Dura cervice et incircumcisi
corde et auribus vos semper restitistis spiritui sancto. 59a

2] Augustinus: Nomen istum rubro titulo eodem encausto
additum, cuius significatio me fugit cum in capitulo XVIII
nullam Aug. mentionem facit.   28] Acta, 7, 51.

Vide barbam! Numquid adulavit? Numquid timuit
ille? Non est victa caritas, quia unguentum a capite in
barbam descenderat. Eo modo ergo unguentum a
capite descenderat in barbam, quod ille cum lapidaretur
fixo genu ait: "Domine ne statuas eis hoc delictum." 5
Ergo illi tamquam barba erant; multi enim fortes erant
et multas passi sunt persecutiones. Si nequaquam a barba
descendisset unguentum, modo monasteria non habere-
mus. Sed quod descendit in oram vestimenti (sic enim
ait: quod descendit in oram vestimenti eius) secuta est 10
ecclesia de veste domini; peperit monasteria. Nam vestis
sacerdotalis ecclesiam significat. Ipsa est vestis de qua
dicit apostolus ut exhiberet sibi gloriosam ecclesiam,
59b non habentem maculam aut rugam. Mundatur ut non
habeat maculam; extenditur ut non habeat rugam. Ubi 15
extendit eam fullo, nisi in ligno? Videmus cottidie a
fullonibus tunicas quodammodo crucifigi. Crucifigantur
ut rugam non habeant. Quid est ergo ora vestimenti,
fratres mei? In ora vestimenti quid accepturi sumus?
Ora finis vestimenti est; quid accepturi sumus in fine 20
vestimenti? An quia in fine temporum habitura erat
ecclesia, fratres habitantes in unum? An in ora perfectionem intelligimus, quod in ora vestimentum perficitur? Et illi perfecti qui norunt habitare in unum,
illi perfecti qui legem implent. Quomodo autem im- 25
pletur lex Christi ab eis qui habitant fratres in unum?
Audi apostolum: "Invicem onera vestra portate et sic
adimplebitis legem Christi." Haec est ora vestimenti.
Quomodo, fratres, intelligimus quam oram dicat quo
60a potuit descendere unguentum? Non puto quod oram 30
vestimenti in lateribus voluit intelligi; sunt enim orae

5] Acta, 7, 60.   13] Ephes. 5, 27.   27] Galat. 6, 2.

in lateribus. Sed a barba descendere unguentum ad oram potuit quae in capite est, ubi aperitur caput. Tales sunt qui habitant in unum; ut quomodo per oras istas intrat caput hominis ut vestiat se, sic per concordiam
5 fraternam Christus intrat qui est caput nostrum ut vestiatur et ut haereat ecclesia.

ꝫ CAP. XIX. *De barba ad signum sapientiae.*

Ad signum enim sapientiae barba est, sicut et ad signum decoris et ad signum fortitudinis esse praemonstrata est. Sed licet secundum sapientiae considerationem barba
10 radi non debeat, tamen intonsa remanere non debet. Quid enim est intonsam barbam habere nisi altum sapere? Noli inquit altum sapere, hoc est barbam tonde! Non plus sapere quam oportet sapere, sed sapere ad sobrieta- 60b tem, hoc est intonsam barbam non habere. Plus sapuit
15 quam oportuit qui cum altissimo litigavit, hoc est Meribaal, et de ore ignominiam protulit et oris vere- cundiam non abscondit, hoc est Mephiboseth. Ergo fratres tondete barbas vestras ut in veritate sint et ad signum decoris, et ad signum virilitatis, et ad signum sapientiae.
20 Sunt quippe nonnulli inter vos tam decenter barbati, ut in ipsis barbis quaedam forma sapientiae praeluceat, et in ipsa barbatura loqui sapientia videatur. Et nos merito in domino gloriamur, quod nichil ineptum, nichil insulsum, nil sapientiae contrarium, nil adversum prudentiae, nil
25 stulticiae consonum in quibusdam sic barbatis invenimus. Econtra iure dolemus et conquerimur quod in magnis quorundam barbis magnam stulticiam reperimus, et 61a magno rubore confundimur, quod illis illud vulgare proverbium obicitur quo dicitur: In barba non iacet

12] Rom. 11, 20.

58

sapientia. Quod enim maius inconveniens, quam pleniberbem plenum esse stultitia, et omni sensu sapientiae
vacuum velle videri valde sensatum et iactare cum barba
totius insipientiae verba? Barbiflui sunt isti simul et
verbiflui et caritate tepidi et fastu inflati, et collo rigidi 5
et pingui cervice armati. Quam melius foret illis si
essent rariberbio vel potius imberbio humiliati et essent
verbis proflui, et caritate fervidi. Isti sunt quasi in
sapientiae barbatura consiliis proflui, superflui iudiciis,
rationibus copiosi, rimosi rumoribus, cavernosi insidiis, 10
astutiis angulosi, ratiociniis cavillosi, et in his omnibus
61b ad signum sapientiae barbis honorabiles videri volunt
et venerabiles. Hii tales dum sensus suos et sententias
diffinitionum suarum defendere conantur, barbas suas
quasi pro reverentia in juramentum adducunt, ut non 15
incredibile sed sacrosanctum habeatur quidquid per
barbas suas iurando affirmaverunt. Qui eiusmodi est,
per istam barbam inquit sic est, aut ita non est, aut sic
erit, aut non erit aliter. Est etiam qui sic in barba sua
sapientiam ardere et lucere suspicatur, ut in diffinitionibus 20
suis obstinatione barbam agitet et manu contorquens
illam anathema combustionis denuntiat et dicit: Mala
flamma devoret barbam istam si aliter est, aut erit
aliter! Tu qui sic iuras in barba tua, aut barbam tuam
anathematizas ad combustionem, ut sapientiam tuam 25
62a iuramento barbae tuae aut anathemate confirmes, nescis
quia in evangelio prohiberis omnino iurare? Quia iura-

8] "Isti sunt...per istam barbam inquit sic est, aut ita
non est." Abaelardum forsitan his verbis illudit, quem constat
ordini Cisterciensium summo in odio fuisse et tractatum
edidisse cui titulus "Sic et Non". De barba eius tamen nihil
certi constat.

59

mento capilli capitis tui quod non potes unum facere
album vel nigrum interdiceris, quomodo per totam
barbam audes iurare? Si non licet tibi iurare vel pilum
barbae, quomodo totam barbam audes iuramento in-
5 vadere? Si tuus est pilus barbae, et tua est barba, nichil
in illis habes per dominium creationis, sed per accep-
tionem possessionis. Cum volet qui tibi dedit, iam nec
pilus barbae, nec barba tua erit. Si data est tibi barba
ad sapientiae signum, non facias illam stulticiae tuae
10 instrumentum, neque sui plasmatoris offendiculum.

ce CAP. XX. *De exemplis illorum quibus erat barba*
ad signum sapientiae.

Etiam post mortem barba illorum in memoria habetur
et memoratur ad signum notitiae qui se accepisse cog-
noverunt ad signum sapientiae. Barba sancti Gamalielis 62b
in exemplum huius rei commemoratur, qui in revelatione
15 Sti Stephani a Luciano visus per somnium describitur
ita: Vidi, inquit, virum senem longum, geroprepem,
hoc est dignum sacerdotem, canum, barbam prolixam
habentem etcetera. Ecce ad descriptionem et noticiam
viri sapientis barba prolixa refertur, ut cuius barba magna
20 esse dicitur, ipse vir magnae sapientiae fuisse demon-
stretur. Gamaliel quippe vir sapiens et doctus in lege
fuit, et magister Pauli doctoris gentium. Ipse namque
requisitus a Luciano quis esset dixit: Ego sum Gamaliel
qui Paulum apostolum nutrivi et legem docui in Jeru-
25 salem. Ad signum igitur sapientiae barbam prolixam
Gamaliel habuisse refertur, qui doctus in lege et magna

13] Revelatio S. Stephani a Luciano de Caphargamala circa
annum 415 composita, unde haec verbatim; vide Migne,
P.L. XLI, p. 809.

sapientia claruit et sapientem, ut sapientior esset, quasi ad incrementum barbae provexit et instruxit. Nam et 63*a* quod canus idem vir sapiens dicitur ad eundem sensum respicit sapientiae, ut sit canities cum barba, quia, ut scriptum est, in antiquis est sapientia. Unde rursum 5 scriptura dicit: Cani sunt sensus hominis, et canities hominum prudentia est.

౭ CAP. XXI. *De barba ad signum maturitatis simul et sapientiae.*

Et quia sicut ad signum sapientiae, sic etiam ad signum maturitatis est barba, merito cum barba canicies conjungitur, ut nemo vera sapientia esse sciatur adornatus, 10 nisi in quo gravitatis maturitas invenitur. Et sicut eruditos corde in sapientia ad signum sapientiae simul et maturitatis exornat cana barba, sic econtrario fatui senes et deliri merito iudicantur, si cum barbis canis in illis inveniuntur levitas et stulticia. Tales Samuel et 15 63*b* Daniel pueri iudicaverunt; cui a puero imberbi dictum est "Inveterate dierum malorum etc." An non illius canicies et vetus increpatur barba, quae ad signum sapientiae et maturitatis gestabat, et ipse stultus et falsus judex et lubricus et libidinosae lasciviae reus convictus? 20 Contra barbatos senes et canos, sed in reprobum sensum traditos et in scenum luxuriosae levitatis devolutos dictum est: Senectus venerabilis non diuturna neque numero annorum computata, sed cani sunt sensus hominis et aetas senectutis vita immaculata. Vae vobis quibus 25 florent barbae canis et tamen pueri sensibus estis, et lascivia molles et effeminati tamquam si imberbes essetis.

6] Sap. 4, 8.   17] Dan. 13, 52.   23] Sap. 4, 8.

Quare levitate vestra et stultitia sapientiae et maturitatis signa dehonestatis, hoc est barbas vestras et canos?

ꝯ CAP. XXII. *De exemplis illorum quibus barba fuit ad signum maturitatis et sapientiae.*

Ut quid non proficiunt vobis exempla scripturarum in 64a quibus personae venerabiles sapientia et maturitate sig-
5 nantur barbarum commemoratione et reverenda canicie? In vita sancti Gregorii barbam Gordiani patris eius commemoratam legimus, ubi depictus et ipse Gordianus et habitus eius et barba referuntur. Cuius inquit Gordiani habitus castanei coloris planeta est, sub planeta dalmatica,
10 in pedibus caligas, statura longa, facies deducta, virides oculi, barba modica, capilli condensi, vultu gravis. Hic simul in descriptione ista consonant et sapientia et maturitas et religio. In habitu religio, in vultu gravi maturitas, sapientia simul et maturitas in barba. Sed
15 quare dicitur barba modica, cum etiam ad laudem multorum barba prolixa referatur, sicut paulo ante Gamalielis? Si ad signum sapientiae referatur, scientiam 64b inflantem non habere et non plus sapere quam oportet sapere sed sapere ad sobrietatem, barbam modicam
20 habere est. Si ad signum maturitatis barba modica dicta est, aut curiositatem in demulcenda barba notat vitandam, aut ad conservandam mundiciam prolixitatis superfluitatem resecandam. Nam de tondendo modice barba modica fieri potest, ne fortasse intonsa barba nocere
25 possit ad reprehensionem, sicut de Mefiboseth superius ostensum est, qui illotis pedibus et intonsa barba ante

6] Gordianus depictus Romae in monasterio Montis Scauri. Vide Joan. Diaconum: Vita S. Greg. Lib. IV, cap. 83, in Migne,.P.L. LXXV, p. 176.

62

regem venisse reprehensibiliter notatus est. Quod si propter naturam barba modica designata est, potest quidem ad rariberbium pertinere. Quod si ad signum religionis barba modica nominata sit, nichilominus honeste de tondendo id agitur, cum etiam detonsis 5
65a grennonibus, ut superius longe predictum est, sic barba religiose detondetur, ut non habeat locum detonsio militaris, aut urbana figuratio.

ꝯ Cap. XXIII. *De barba ad signum religionis.*

Haec denique forma religionis in barba modica ad usum barbarum vestrarum translata est, fratres, ut neque de 10 prolixitate illarum neque de condensitate nascatur aliquod inconveniens. Denique sicut modicum sonat humile, sic in modica barba semper humilitas exhibeatur, ut in hac quoque parte ad signum religionis barba figuretur. Inde forsitan conici potest, quod post modicam barbam 15 Gordiani, alterius cuiusdam barba modica consequenter inter multas et varias eiusdem viri descriptiones nomi-
65b natur. Nam ita ibi dicitur: Barba paterno more subfulva et modica. Hoc est: sicut barba patris fuit fulva et modica, sic filii barba fulva et modica fuisse repraesenta- 20 batur in pictura, quae in rota gipsea artificis magisterio fuerat depicta. Quorum igitur ad signum religionis est barba, illis religio crescat in mente quibus barba crescit in mento. Sed sicut barba non crescit nisi mittat in mento radices, sic nec religio crescit nisi fuerit in mente 25 per caritatem radicata et fundata. O utinam barbae illorum evellantur a mentis ipsorum a mentibus quorum evulsa est religio, vel cum quorum barbis non crevit barba religionis! Non autem potuit crescere quia non

21] Joan. Diaconus, ut supra, cap. 84.

misit radices in mente, sicut barba crescere non potest, quae non mittit radices in mento.

ϱᵈ CAP. XXIV. *Quod exemplo Esdrae prophetae monstratur barba signum religionis esse.*

Religionem in mente radicatam tanti doloris est evellere, quam doloris est et angustiae a mento barbam eradicare. 66a
5 Hoc Esdras propheta significare curavit, qui barbam suam evulsit cum dolore carnis, quia deperire religionem sentiebat cum dolore mentis. Sedens et moerens evellebat barbam suam, ut ostenderet quantus illi dolor erat in mente, qui de mento suo radices eradicabat barbae. Cum
10 audisset, inquit, Esdras sermonem istum etcetera. Quem sermonem, nisi religionem quam docuerat filios Israel deperisse, quia contra domini legem quam acceperant uxores alienigenas ducebant, et cultu divinae religionis contempto ad idolatriam videbat illos et dolebat reflecti?
15 Dic Esdra, dic, quid fecisti, cum evulsisti barbam tuam, cum sit nimius dolor barbam evelli? Cum audissem, inquit, sermonem istum, scidi pallium meum et tunicam et evelli vel evulsi pilos capitis mei et barbae, et sedi 66b moerens. Habitu lugubri Esdras intimum cordis dolorem
20 ostendit, scidit vestimentum, evellit pilos capitis et barbae, sedit moerens, ut tali dehonestamento corporis et indumenti cum moerore vultus velocius animos omnium ad penitentiam vel sui vel fraterni reatus excitet. Verum per vestimenta solent opera nostra designari, quibus aut
25 ad gloriam si munda, aut ad interitum quis induatur si polluta nec nuptiali splendida caritate probentur. Per pilos capitis cogitationes, quae de occulta cordis radice velut de internis cerebri sinibus oriuntur, quae si rectae

5] I Esdr. 9, 3.

64

sunt conservari, sin autem reprobae debent abscidi. Unde de Samuele qui sanctus erat futurus ait genitrix: Et novacula non ascendet super caput eius. Et apostolus 67a dicens: Et capillus de capite vestro non peribit; quia nimirum omnis sanctorum cogitatus eterna apud do- 5 minum sunt memoria digni. At vero peccator, ut mundari possit ab iniquitatibus suis, reprobas necesse est a se cogitationes, origines videlicet et fontes malorum operum, abiciat. Unde leprosus in Levitico, cum recepisset sanitatem, inter alias purificandi cerimonias etiam 10 omnes pilos carnis suae eradere praecipitur, ut sic expiatus hostiis castra mereatur ingredi, quia tunc demum a vitiorum foeditate perfecte mundamur, cum non solum actus sed et cogitatus a nobis noxios expellere satagimus. Barba quoque, quae virilis sexus et aetatis index est, in 15 significatione virtutis poni solet. Scidit pallium et tunicam pontifex, ut populum quem regebat minus perfecta opera habere designaret et quae a sua stoliditate 67b necesse esset discindi per penitentiam atque in solidum habitum renovari. Evellit pilos capitis ut eidem populo 20 intimaret cogitationes nequam suo de corde extirpandas ac renascendis utilibus locum dandum esse. Evellit et pilos barbae, ut in ipsis etiam quas habere videbantur virtutibus humiliarentur et parva haec aut nulla in examine interni arbitrii esse meminissent, quae vitiis 25 esse permixta clarescebant. Sedit moerens ut per lamenta poenitentiae veniam reatus tanti promerendam esse doceret. Videte, fratres, et timete barbas inaniter ad signum religionis gestare, ne nos forte, qui vobis praesumus, oporteat ex vobis multos lugere et quod Esdras 30

3] I Reg. 1, 11. 4] Lucas, 21, 18.
25] arbitrii: MS. arbitris.

significavit per evulsionem barbae, id nos facere coga-
mur in cordis afflictione. Quibus ex vobis adhuc in 68*a*
incremento est barba propter aetatem nundum maturam,
cum barbae incremento crescat sapientia in signo, crescat
5 interior pulcritudo, crescat fortitudo, crescat maturitas,
crescat religio. Et ita in veritate probabitur esse barba
ad signum decoris, ad signum fortitudinis, ad signum
sapientiae, ad signum maturitatis, ad signum religionis.
Si ergo, fratres, in his quinque eo quidem ordine quo
10 digesta sunt et tractata proficere studueritis, veraciter
conversi eritis et barbae vestrae felices erunt et honorabiles
reverentia et dignae memoria.

ꝰ CAP. XXV. *De exemplo duorum adolescentium,*
unius barbam mittentis, alterius nundum mittentis barbam.

Quibus adhuc in incremento sunt barbae, hoc est, qui
barbas incipiunt mittere vel qui nundum inter vos
15 mittunt, sumant in exemplum duos illos adolescentes, 68*b*
horum altero barbam mittente, altero adhuc imberbi
permanente de quibus abbas Vindemius abbatem Macha-
rium narrat fuisse locutum et narrasse dicentem: Sedente
me aliquando in Scithi venerunt ad me duo adolescentes
20 peregrini; unus quidem ipsorum incipiebat mittere barbam, alius vero adhuc non. Horum qualis postea fuit
vita et conversatio ipse Macharius narrat, et qui vobis
recitaverit, fratres, ista ipse narret ut de perfectione
illorum vestra proficiat imperfectio. Inde tamen modi-
25 cum aliquid audite. Narrat Macharius quod super illum

15] duos illos adolescentes: Vide Vitam S. Macarii in Actis
Sanctorum (3 *a*) Jan. II, p. 292 ubi sic legimus: "Referebat Abbas
Bitimius quod dixerit Abbas Macarius: Cum sederem aliquando
in Scithi descenderunt duo juvenes...."

iuniorem qui erat imberbis viderit daemones in similitudine muscarum venientes. Vidi inquit daemones sicut
69a muscas venientes super illum iuniorem. Et alii quidem
veniebant ut sederent super os eius, alii vero super oculos.
Et vidi angelum domini habentem gladium igneum et 5
defendentem illum, atque abigentem ab eo daemones.
Illi autem maiori non poterant appropinquare. Item
junior ille imberbis cum psalleret, per singulos versus
exiebat lampada ignis de ore ipsius et ascendebat in
coelum. Similiter autem et ille maior, qui mittebat 10
barbam, cum aperiret os suum psallens, tamquam funiculus ignis egrediebatur de ore ipsius et pertingebat in
coelum. Et cognovi, inquit Macharius, quia ille maior
perfectus esset, illi autem minori adhuc repugnabat
inimicus. Et conclusit: Venite inquit et videte martirium 15
horum duorum peregrinorum. Ecce, fratres, audistis
miraculum stuporis et admirationis, exultationis pariter
69b et terroris, quod ad misterium imberbii et barbaturae
pertinere videtur.

ꝯ CAP. XXVI. *Quid sit faciem imberbem a muscis infestari.*

Attendite quod nudam faciem a barba muscae volitantes 20
et mordentes infestant, barba vero velatam infestare non
ita valentes. Caro siquidem vulnerata dolet, pilus nec
incisus dolet, cui si musca insederit, nec sentit nec dolet,
quae super carnem ascendens, etiam non mordens,
molesta sentitur et taedium et impatientiam infert abi- 25
genti. Hoc pati videbatur praefatus iuvenis, vel potius
adolescens imberbis, cum nequaquam alter mittens barbam muscas illas pateretur. Sic nimirum cui nuda mens
est adhuc a sapientia, quemadmodum mentum a barba,

daemoniis velut quibusdam muscis infestari dinoscitur.
Et ille cuius mens iam incipit ornari sapientia, sicut
mentum ex barba, a muscis daemoniorum aut minus 70a
infestatur, aut omnino liber a muscarum infestatione
5 redditur. Verumtamen contingit quod muscae cum
deambulant per barbam solent quodammodo sentiri,
non quia mordeant sed quia peditant discurrendo et
faciunt excuti barbam pro solo taedio quod inferunt
peditando.

ᵉᵈ CAP. XXVII. *De musca adulationis super barbam*
Amasae residentis.

10 Harum muscarum una est adulatio, quae super barbam
residens si non praesentitur, operatur mortem in occulto.
Super barbam Amasae talis musca resedit, cum Joab ad
illum dixit: Salve mi frater! Et tenuit manu dextra
mentum Amasae, vel sicut Josephus refert, Amasa com-
15 prehensus a barba infixus est gladio in utero. Deinde,
prosequitur historia Regum, et quasi osculans eum
manum sinistram misit ad gladium, qui percussit eum 70b
in latere et effudit intestina eius in terram et mortuus
est. Quid est barbam sive mentum tenere? Quasi ex
20 benignitate blandiri, sed sinistram ad gladium mittere
est et in latus percutere ex maligna dolositate perimere.
Quam malae muscae sunt adulatio et dolositas, quae
ducunt ad mortem ex improviso et circa os hominis
volitant et suo veneno inficiunt barbam et mentum, et
25 de barba et mento currunt ad effusionem intestinorum,
hoc est ad mortem. Dum de sapientia sive prudentia
tua laudaris, tenetur tibi barba, sed cave muscam adula-

12] II Reg. 20, 9.   14] Josephus Flavius, Antiq. Jud. VII,
c. II, p. 268, ed. Dindorf, 1845.

tionis unam et inanis gloriae alteram. Quod autem
superius dissimiliter dictum est teneri barbam sive mentum nichil interest, excepto quod cautius videtur dictum
mentum quam barba, cum videlicet mentum contineat
71a et mentum barbatum et mentum imberbe, et adulatio 5
cum noceat barbatis et imberbibus, plus tamen nocere
solet adolescentioribus nundum barbas mittentibus quam
provectioribus aetate et sapientia apud deum et homines
proficientibus. Et haec differentia si ad proprietatem
misterii respiciatur, in praefatis adolescentibus videtur 10
apparere, quorum juniorem et imberbem daemones in
figuris muscarum vexabant importune, ad maturiorem
vero et barbam mittentem non audebant appropinquare.

eᵈ CAP. XXVIII. *Objectio quod nec minori nocuerit*
imberbium, nec maiori profuerit barba contra muscas; et
inde solutio.

Sed dicit aliquis, et utiquam acute movetur, quod iuniori
pro imberbio daemones in muscis non nocebant, cum 15
dicat Macharius quod alii quidem veniebant ut sederent
super os eius, alii vero super oculos, in quibus locis barba
71b non habet locum prohibendi muscas. Unde videtur
inferri quod nec maiori contra muscas proderat habitus
barbae, quin possit in illis locis vexari, in quibus minor 20
vexabatur, ubi non nocebat imberbium, nisi alia extiterit
causa, quae ratione validiori probetur. Non videtur
imberbis esse vel sensu puer, qui sic motus est acute,
sed ad signum sapientiae barbam gestare putandus est.
Nos autem dicimus quod aliud est proprietatem misterii 25
considerare, et aliud est foris in rebus per omnia simili-
tudines adaptare, et id semper quaerere ineptum est et

69

insulsum. Si tamen os pro vultu vel facie, secundum illud "ora rigat lacrimis" poni consuevit, ex parte soluta est questio, et adhuc habet locum et valet barba contra muscas et illarum aculeis patet imberbium. Et si muscae
5 nocent fimo barbis, et morsu et fimo nocent imberbio.

꧂ CAP. XXIX. *Quare super os vel super oculos* 72a
adolescentis imberbis sederint daemones in muscis.

Videamus tamen cur in supradicto adolescente imberbi daemones in muscis alii sederunt super os eius, alii super oculos. In multis vitiis, tamquam in multa foeditate et muscarum spurcitia, daemones hominibus infesti sunt
10 et molesti, velut in isto adolescente imberbi monstratum est. Cui quod adhuc sicut repugnabat inimicus, Macharius testatur, quasi quadam imperfectione, velut imberbio, a socii perfectione barbam mittentis differebat. Quamdiu namque barba non apparet, nisi aliis signis
15 discernatur, de sexu nasci potest ambiguitas, quod facies imberbis nec virum nec feminam discernit. Pullulante vero barba, vir perficitur, et iam deinceps sicut viri perfectionem gerit in signo, quia barbam mittit, sic initiatus 72b ad sapientiam ad perfectionem tendat ex studio, quod
20 cum puerili forma puerilem sensum deponere convenit. Quod Macharius attendens "et cognovi" inquit, "quia ille maior perfectus esset, qui scilicet ad signum perfectionis barbam mittebat"; illi autem adhuc minori repugnabat inimicus quia in illo imberbium signum im-
25 perfectionis cernebat.

2] Virg. Aeneis, IX, 251.

Cap. XXX. *Quae sint muscae oculos infestantes, vel quasi in os irruentes propter imberbium.*

Quid est ergo quod daemones in muscis alii sedebant super os eius, alii vero super oculos, nisi quia maligni spiritus per immundas suggestiones et cogitationes spurcissimas in oculis impediunt et conturbant visionem contemplationis et meditationis intuitum, et in ore veri- 5
73a tatem confessionis et puritatem orationis? Quid sunt itaque fantasiae multiplices et blasfemiarum multiformes incursus oculos mentis in meditatione et contemplatione confodientes et foedantes, curiositate vagos oculos efficientes, nisi muscae in quibus daemones temptant in- 10 strumentis mentes immundis, sicut et ipsi sunt nimis immundi?

Cap. XXXI. *Quibus duobus modis muscae impediunt oris confessionem propter imberbium.*

Muscae vero super os aut sedentes aut volitantes impediunt confessionem vel rubore confusionis propter peccati turpitudinem, vel metu vilitatis propter honoris 15 vel alicuius potestatis ambitionem.

Cap. XXXII. *Distributio aliarum muscarum in novem maneriis circa os propter imberbium.*

Sunt et volitantium aliae muscae super os detractione
73b mordentes, aliae contumeliis et opprobriis fimum et venenum fundentes, aliae cachinnis et garulitatibus ora foedantes, aliae turpiloquio aut scurrilitate aut verbis 20 vanis et saecularibus linguas sordidantes, aliae gula et repletione ventris inquietantes, aliae magniloquio sive iactantia os in coelum ponentes, aliae culparum excusa-

tione vel, quod deterius est, defensione peccati conscientias maculantes.

ed Cap. XXXIII. *Quae muscae impediunt orationem vel visionem oculorum propter imberbium.*

Quae vero muscae vel potius daemones in muscis sedeant
super os in oratione nulli arbitror incognitum nisi non
5 oranti. Et caecus ille qui orans clamabat: "Jhesu fili
David miserere mei" muscas huiusmodi et super os et
super oculos patiebatur; nam qui praeteribant increpa-
bant eum ut taceret. Muscis istis in os eius irruentibus 74ª
et aliis agentibus visum contemplationis perdiderat, quia
10 caecus erat.
    Quod tamen disgressi sumus a barbis, propter im-
berbium et barbas contigit. Neque enim muscae appropinquare poterant ad adolescentem barbam mittentem,
illum vero imberbem et in ore et in oculis vexabant.

ed Cap. XXXIV. *Quod angelus gladio igneo abigebat muscas ab adolescente imberbi.*

15 Quod autem angelus gladio igneo defendebat illum, ad
muscas abigendas non videtur congruere gladius, quia
instrumentis aliis abiguntur, vel illo videlicet qui sonitu
terret, vel flabello qui flatu movet. Porro vel ad hoc
intelligi potest, quia angelus gladio igneo fugabat dae-
20 mones non muscas, vel quia muscae flammam vehementer horrent, terrebantur et effugabantur et fugiebant.
Sed et nos qui verbum dei vobis denuntiamus, gladio 74ᵇ
spiritus quod est verbum dei muscas huiusmodi fugamus
a vobis, ne super barbas vestras audeant residere, aut

5] Marc. 10, 46–9.   7] praeteribant: MS. praeibant.

in os vel in oculos irruere; et est ignitum eloquium vehementer gladius iste, ita ut ferre non valeant flammam gladii vehementer flammantis.

ಇ CAP. XXXV. *De lampade ignea de ore imberbis exeunte, et de ore primiberbis exeunte funiculo.*   5

Sed et illud duplex mirabile miraculum de lampade ignis et funiculo igneo intelligite, fratres, si quo modo pertineat ad vos, ut qui sine barbis adhuc sunt, adolescentem imberbem studeant imitari, de cuius ore visa est exire lampas ignis ascendens in coelum. Qui autem 10 in primiberbio sunt, vel potius illi quibus iam barba est in statu, adolescentem imitentur primiberbem, hoc 75a est mittentem barbam, de cuius ore funiculus ignis exiens pertingebat in coelum. Hoc tamen attendant praecipue monachi, quia adolescentibus illis in psallendo, 15 id est modulatione psalmodiae, talia contingebant prodigia.

ಇ CAP. XXXVI. *Quid sit lampas ignis de ore imberbis adolescentis egrediens.*

Vultis scire quid sit lampas ignis? Figulum quendam 20 interrogate! "Concaluit, inquit, cor meum intra me et in meditatione mea exardescet ignis." Item idem: "Quia inflammatum est cor meum." Haec lampas ascendit in coelum. Et quoniam habemus thesaurum istum in vasis fictilibus, lampas merito vocatur. Eius 25 bonum qui temptabatur, in signo fictili et fragili monstrabatur, cuius et adhuc aetas in imberbio fragilis erat,

4] lampade ignea de ore: MS. lampade ignea et funiculo igneo de ore exeunte. In fine tituli verba "exeunte funiculo" iterantur. 21] Psal. 38, 4. 23] Psal. 72, 21. 24] II Cor. 4, 7.

et lampas est vas quod facile et casu levi frangitur. Vel 75*b*
fortassis adolescens ille, quia iam vicinus erat primiberbio ut mitteret barbam, sapientiae lampadem assidue
meditabatur in corde, hoc est Jhesum Christum, quem
5 Job lampadem contemptam appellat, quae prius quasi
fracta est et extincta in morte, sed in resurrectione
reparata convaluit et claritate magna clarificata ascendit
in coelum. Hanc in psalmodia monachus teneat in ore
meditando et cum devotione ardenti et flammanti mittat
10 in coelum patrem interpellare. Haec lampas est illa
lucerna, quam mulier accendit ut quaereret et inveniret
dragmam quam perdiderat.

ꝓ CAP. XXXVII. *Quid sit funiculus ignis de ore
primiberbis egrediens.*

Iam videamus quid sit funiculus ignis egrediens, qui exit
de ore primiberbis, hoc est barbam mittentis. Ad sapi-
15 entiae perfectionem tendit qui quod habet in signo
monstrat in officio. Quod funiculus triplex difficile 76*a*
rumpitur signum est perfectionis. Si funiculus iste sacra
scriptura est, triplici sensu cordulatur: historico, alle-
gorico, morali; et Spiritus Sanctus et igne divini amoris
20 et linguis igneis inflammavit illam. Hic funiculus igneus
pertingit ad coelum, quia qui fecit coelos in intellectu,
nichil intactum reliquit quod scriptura non loquatur, ut
sciri possit per scripturam quidquid scibile est. Nam
utique ipsum coelum narrat ipsa factum et suis ordinatum
25 luminaribus. Hic exiens ab ore psallentis funiculus totus
igneus est, et amore celestium inflammatus pertingit ad
coelum. Est alia funiculi huius consideratio ut sufficiens
bonum et perfectum inveniatur in illa. Indicabo tibi

5] Job, 12, 5.   11] Lucas, 15, 8–9.   28] Mich. 6, 8.

74

o homo, ait propheta unus, quid sit bonum et quid a te
quaerat deus tuus, utique facere iudicium, diligere miseri-
cordiam, et sollicitum ambulare cum deo tuo. Tria haec
si ardenti corde exercueris, et in his dominum tuum
laudaveris ut semper laus eius sit in ore tuo, funiculus 5
ignis triplex egreditur de ore tuo pertingens ad coelum.
Vel amor toto corde, tota anima, tota mente in dominum
intendens funiculus igneus est, quod amor ignis est. Vel
desiderium ardens educi de carcere, de exilio exire, in
patriam redire id ipsum est, vel idem desiderium in hoc 10
extremo, cum appetit quietem a labore, gaudium de
novitate, securitatem de eternitate, funiculus ignis est de
ore egrediens cum exposcit ista, pertingens ad coelum
cogitatione et aviditate in illa eterna patria conversa.

Propter exemplum duorum adolescentium, unius sine 15
barba, alterius primiberbis, de his quae visa sunt circa
illos dulce fuit aliquid ad sermonem vertere, ut erube-
scatis qui estis vel grandaevi vel grandiberbes, si non
concalescat cor vestrum intra vos de his quae audistis.
Iam de cetero barbilogiam ad barbas vestras revocemus, 20
quia coepit ab illis, et in illis convenit illam terminari.

ed CAP. XXXVIII. *Invectio in derisores barbilogiae vel barbilogi.*

Sederunt fortassis qui in hac barbilogia rideant, et me
derideant barbilogum appellantes. Ego autem denuntio
illis ut caveant ne malo suo rideant, aut me de barbis
sermocinantem derideant, quemadmodum, ut iam dic- 25
tum est, malo suo riserunt pueri de calvitio Helisei et
ad malum suum calvum ascendentem deriserunt. Si
audent derideant barbam Aaron unctam unguento, quod
a capite descendit in barbam illius, aut barbam David

collitam saliva, aut barbas servorum ipsius semirasas et
manentes in Hierico donec barba illorum crescat derideant. Numquid et deridebunt dominum qui in Isaia
in novacula conducta radit caput in Assiriis, et pilos
5 pedum et barbam universam et in Moab denunciat in
cunctis capitibus calvitium et omnis barba radetur? Si
rident de istis, aut derident ista, barbam Hiezechielis non
obliviscantur partim concisam, partim combustam, partim dispersam in ventum; simul et recordentur Gallam
10 barbas habentem. Et si cuius barba est curta, aut si cuius
barba est prolixa ridebunt? Barba Gordiani est modica
et barba Arsenii est prolixa, cuius descriptio neminem
sinit ridere de barba ipsius. Erat inquit visio eius angelica
sicut Jacob, canis ornatus, elegans corpore, siccus tamen.
15 Habebat autem barbam prolixam omnino, attingentem 78a
ad ventrem eius. Pili vero oculorum eius nimio fletu
ceciderant. Si de ispida barba ridendum est, Esau totus
erat pilosus et ispidus, et barba eius non excipitur lenis
fuisse. Ubi barba Mifiboseth in libro Regum legitur,
20 intonsa non ispida dicitur; et tamen Josephus ispidam
non intonsam narrare non ignoratur. Quis rideat, immo
quis non doleat, cum audit Esdram prophetam pro trans-
gressione subditorum barbae suae pilos evulsisse? Qui
de ludo sapientiae in barbis, in calvitio, rident, audiant
25 illam e diverso sibi respondentem: ego quoque in interitu
vestro ridebo. An non risit ipsa in interitu puerorum
qui deridendo clamantes ingeminaverunt "Ascende

12] De Arsenio vide passim in "Vitis Patrum" (Migne,
P.L. LXXIII); locum vero in quo de barba eius prolixa agatur
non inveni.

20] In latina versione Josephi quae Dindorfii editioni ad-
iuncta exstat haec verba de "ispida barba M.", in loco quidem
ubi stare deberent: Antiq. Jud. VII, cap. II, non repperi.

calve" "Ascende calve"? Pro uno "ascende calve" venit ursus unus et pro altero "ascende calve" venit

78b alter ursus; et duo "ascende calve" vindicaverunt duo ursi. Jam superius dictum est qualiter liceat ridere de ludo sapientiae.

5

CAP. XXXIX. *Qui rident bene et qui male de ludo sapientiae.*

Cum admiratione et iocunditate, non cum iocosa derisione ridendum est. In lucta Jacob cum angelo sapientia ludi sui spectaculum mirabile dedit ad ridendum, quia victus incolumis discessit et victor claudus factus est. Cum auditis haec, nonne ridetis? Accepisse Jacob cum 10 benedictione claudicationem de tali ludo sapientiae nonne ridetis? Admiramini, iocundamini, laetamini, consolamini, sic ridetis. De barbis et calvitio similiter et non aliter rideatur. At ille qui socio dicit: barbam hirci habes, male ridet, quia deridet. Alter dicit alteri: barba 15

79a tua rufa infidelitatis est signum; et illius alterius barba hispida: crudelitatis. Barba illius pulla et nigra, tartareae pici similis est.

CAP. XL. *De distinctionibus barbarum in quatuor generibus et speciebus illarum et de morali coaptatione.*

Silete stulti! David mansuetus et mitis fuit et fidelis, et barba illius rufa. Sinite sapientiam ludere cum natura 20 in barbis ut distingat illas et faciat differentes in quantitate, in qualitate, in figura, in colore. In quantitate magnas et parvas sive prolixas et curtas; in qualitate condensas et raras, sive lenes et hispidas; in figura uniformes, biformes et triformes; in colore albas, nigras, 25 rufas, fulvas, canas. Quorum barbae magnae sunt

77

magnanimitate polleant et sapientiae sensibus emineant. Quorum barbae sunt parvae, modicum id quod sunt 79*b* humilitate contendant adornare, etiam si magni sint. Qui prolixas aut curtas habent barbas, illi longanimes
5 in spe inveniantur, isti vitam hanc ut brevem et momentaneam despiciant et hinc in brevi se migraturos cottidie suspecti sint. Quibus barbae condensae sunt aut rarae illi divitias sapientiae et scientiae ad salutem in multa densitate coacervent, isti si sensibus et ingenio rari sunt
10 et tenues, studeant bonis moribus recompensare. Qui barbas lenes aut hispidas habent, illi lenitatem Jacob et simplicitatem imitentur, isti caveant ne sicut Esau asperi vel crudeles et distorti moribus inveniantur. Quibus uniformes vel biformes vel triformes sunt barbae, primi
15 singularitatem fugiant et unitatem pacis ament, secundi sic servent conscientiam ut famam non negligant, tercii 80*a* de corde puro et conscientia bona et fide non ficta caritatem conservent vel mente manu lingua consonanti vitam concordia exornent. Haec figura barbarum in
20 tribus speciebus distincta est superius, cum vel in mento est tantum, vel sub mento vel in maxillis, vel simul in omnibus. Quibus barbae sunt albae fiant candidiores nive, nitidiores lacte; et quibus rufae rubicundiores ebore antiquo. Quibus barbae sunt nigrae anima illorum dicat:
25 nigra sum sed formosa. Barbam fulvam quia medii coloris est, illi habent qui media caritate constrati, tam communes et temperati sunt ut omnibus se amabiles exhibeant et sine querela inter fratres conversentur. Postremo quibus barbae sunt canae, omnino maturi sint
30 velut seges ad messem et virtutibus consummati, ventilabrum et horreum cogitent mox futura.   80*b*

25] Cant. 1, 4.   30] Math. 3, 12.

eð CAP. XLI. *Quod de barbis alia sunt in misterio tantum, alia in re et in misterio..*

Sciendum est autem quod in his, quae de barbis leguntur, alia sunt in misterio tantum alia in re et in misterio. In misterio tantum cum dominus minatur de rasione barbarum; neque enim credibile videtur quod omnium Assiriorum barbae rasae fuerint, quamvis dictum esset 5 in propheta quod dominus rasurus esset in Assiriis barbam universam. Similiter cum dictum esset "In Moab omnis barba radetur", credimus tamen secundum hoc oraculum nullam barbam rasam fuisse, quia in solo misterio dicebatur. De calvicio autem universaliter in 10 solo misterio intelligendum est, quia sicut in Moabitis nulla barba rasa fuit propter oraculum, sic in nullis eorum capitibus fuit calvicium. In barbis autem in rè 81a et in misterio quae dicebantur eveniebant, sicut in barba Aaron et in barba David et barbis servorum eius et 15 forsitan barba Jezechiel. Nam et quod in Levitico de lepra barbae dictum est in misterio erat et non in re; nemo enim unquam vidit barbam leprosam.

eð CAP. XLII. *De quatuor differentiis in misterio barbarum vel aliarum rerum.*

Item sciendum est quod huiusmodi misteria non solum in barbis sed etiam in aliis; alia quidem sunt inter rem 20 et rem, alia inter actionem et actionem, alia inter rem et actionem, alia inter actionem et rem. Inter rem et rem sicut inter barbam et salivam, inter manna et vermes, inter virgam et florem, inter florem et nucem, inter tabulas et legem. Inter actionem et actionem sicut 25

7] Isaias, 15, 2.

inter cursum Petri et cursum Johannis, inter luctam
Jacob et luctam angeli, inter pugnam David et pugnam
Goliae, inter rasionem barbae et combustionem vel
concisionem vel dispersionem. Inter rem et actionem
5 sicut inter gigantem et cursum, inter cervum et saltum, 81*b*
inter oves et lavacrum, vel inter ipsas (barbas) et tonsionem earum, vel inter pilos barbae et combustionem
vel concisionem vel dispersionem ipsorum. Cum autem
accedit actio ad rem, sicut rasio ad barbam, inter actionem
10 et rem est misterium, sicut e diverso cum res accedit
ad actionem vel ducitur vel portatur, sicut Ysaac ad
immolationem, vel Joseph ad venditionem, vel ovis ad
occisionem, vel pili barbae ad combustionem vel concisionem vel dispersionem, inter rem et actionem est
15 misterium. Cum igitur in solo misterio est quod de
barbis legitur, id commune invenitur calvicio cum
barbis, quod hinc et inde semper est prophetia de
futuro. Nam sicut de futuro est quod dicitur "radet
dominus in Assiriis barbam universam" et in Moab
20 omnis barba radetur, sic in eodem Moab praemittitur
in cunctis capitibus eorum calvicium futurum. Inde est
illud in eodem propheta "decalvabit dominus verticem 82*a*
filiarum Sion et crinem earum nudabit." Et inferius:
"et erit pro crispante crine calvitium." Nec in natura
25 est nec eventus rei monstravit umquam feminam calvam,
quamvis barbatam fuisse licet raro legamus sicut Gallam.
Cum vero in re et in misterio est quod de barbis legitur,
historia narratur de praeterito quod in suprapositis patet
exemplis. Jam de cetero, fratres, quia multa dicta sunt
30 de barbis quod ad utilitatem vestram pertinet, animo
recolligite et firmiter tenete memoria. Quod dictum est
6] (barbas) omissum in MS.   22] Isaias, 3, 17.

de mundicia barbarum, vel compositione vel natura et in his omnibus de misterio et moribus vobis totum fiat et ad firmitatem fidei vestrae documentum, et ad vitam et conversationem vestram decoratum virtutibus orna- mentum.

5

82b Illud etiam corde et animo sedulo retractate quod de convenientia et differentia inter nos et vos superius dictum est in rasura et tonsura. Quae ideo quamvis audieritis repetimus, ut adiciamus alia quae nondum audistis. Nos tribus rasionibus utimur et tonsione una, 10 quam et vos nobiscum communem habetis, et rasionem unam ipsamque communem nobiscum. Convenimus igitur in duobus mediis, differimus autem in duobus extremis. Siquidem et nos et vos a timpore in timpus radimur, et per circuitum in girum tondemur. Videtis 15 itaque qualiter media quae nobis et vobis communia sunt extrema copulant, quibus ab invicem dissimili figuratione differimus. Nam barbas nostras et verticem capitis nostri radimus, vos nec barbas nec verticem capitis radentes a nobis hac dissimilitudine differtis. Habemus 20 83a itaque quatuor, videlicet triplicem rasionem et unam tonsionem, quorum duo media nobis et vobis sunt com- munia, duo vero extrema nobis specialiter consignata per rasionem, vobis autem eadem extrema sine rasione, ex ordinis consideratione et considerationis ratione con- 25 cessa. Sicut autem rasio nostra inferior in barbis inferiori barbarum vestrarum conservationi velut ex opposito respondet, ita rasio nostra superior in coronis superiori vestrae capillaturae obviat tamquam ex contrario. Et

quia nimia dissimilitudo et contrarietas in his apparent
extremitatibus, inventa sunt duo quaedam media quibus
et nos et vos ad quandam similitudinem conformaremur
et extremorum dissimilitudo minus quodammodo dissi-
5 milis reputaretur. Neque enim unquam contraria con-
venirent ad unitatem, nisi aliquibus mediis interjectis
contrarietas modificaretur. Diligenter autem adver- 83b
tendum ammonemus, quod media quibus unimur ad
similitudinem collateralia sunt vel potius conjunctim
10 collocata.

⁊Cap. XLIV. *Quod forcipe figuratur O et rasorio C et quae sit horum significatio.*

Verumtamen haec eadem sicut diversis instrumentis,
forcipe videlicet et rasorio, figurata sunt, ita haec eadem
dissimili figura discernuntur. Ipsa namque rasio a
timpore in timpus deducta, girum quidem circularem
15 facit sed imperfectum; tonsio vero ambitum suum
girans ex integro perficit circulum. In figuratione im-
perfecti circuli monstratur figura elementi quod est C,
in circulo perfecto O. C tertium locum tenet in elementis et secundum in mutis. In ternario, quia tertium
20 est C, fidem Trinitatis significat, quam et nos et vos
pariter habemus, quemadmodum et nos et vos hanc
rasionem tenemus communem. Quod vero C secunda
littera est in mutis, in hoc et ad nos et ad vos in hac 84a
forma rasionis pertinere videtur, quod in prima muta
25 a pravis eloquiis obmutescere iubemur, et in secunda
propter gravitatem taciturnitatis etiam a bonis silere.
Vel ad hoc etiam secunda in mutis potest dici C, quod
et nos et vos ante conversionem et a confessione et a
laude divina muti fueramus omnino. Secundum primum

modum dici potuit "obmutui et humiliatus sum et silui a bonis." Ac si diceret "obmutui a pravis eloquiis et, humiliando me, silui a bonis." In secundo modo dici potuit: "et non aperui os meum." Obmutui a confessione et non aperui os meum in divina laude. 5 O quoque littera quarta est in vocalibus, tertia decima in elementis, si h non numeretur in litteris, si vero numeretur decima quarta. Secundum primam considerationem, quia vocalis est quarta a quatuor mundi partibus et nos et vos vocati sumus, et quadrigam 10
84b Aminadab in evangelio ascendimus, et ad quatuor virtutum studia pariter deputati sumus. In secunda consideratione, quia XIIIma vel XIVma dicitur, vel apostolicae doctrinae formam cuius duodenarium numerum vel Paulus vel Christus in XIIImum crescere 15 facit nos et vos unitari profitemur, vel legem simul et evangelia in denario et quaternario complere pariter satagimus. Denique vel in hoc septenario dierum numero VII dona sancti spiritus si predictam formam sequimur nos et vos promereri certi sumus. Est etiam dignum 20 consideratione, quod sicut C prima litera est in simbolo fidei nostrae ita secunda vocalis est O in assertione dignitatis cum ipsa dicit "Ego sum A et Ω." Ubi et hinc et inde et initium conversionis nostrae per Christum et nostrae perfectionis consummatio per divinae majes- 25 tatis excellentiam alterum consummatum alterum confirmatum demonstrantur. Ecce vidistis qualiter in mediis
85a nostris hoc est in rasione et tonsione, quibus unimur, etiam dissimilia nostra, quae extrema sunt, iam minus dissimilia judicantur. Et quia haec quasi quibusdam 30

1] Psal. 38, 3.   4] Psal. 38, 10.   11] Cant. 6, 11.
23] Apoc. 1, 8.

gradibus ordinis distincta sunt, videamus adhuc in ipsis differentiis et convenientiis significationem de nobis et vobis et unitatem ordinis nulla discrepantem contrarietate.

ꝯ CAP. XLV. *Quid significet barbae rasio, et quid rasio a timpore in timpus; hoc est a templa in templam.*

5 Prima igitur rasio nostra in barba quasi mentum nostrae mentis denudat, ut sapientiam quam mente capimus, vobis per eruditionem doctrinae detegamus, ut illam promissionem sapientiae consequi mereamur quam dicit: "Qui elucidant me vitam eternam habebunt." Et quia
10 haec elucidatio sapientiae per doctrinam nobis incumbit et haec ad vos non pertinet, iccirco rasio barbarum nobis est et non vobis. Rasio vero a timpore in timpus, 85*b* hoc est a templa in templam, quia pariter est et nostra et vestra quam significationem habeat in moribus videa-
15 mus. Timpora quasi tempora dicuntur, quod statum temporis sequi cognoscuntur. In timporibus namque multus est venarum concursus et motus magnus et pulsus sensibilis, ita ut secundum turbulentiam vel serenitatem temporis vel minus vel amplius motum vel pulsum
20 suum exercere dinoscuntur. In his ergo temporalitatis mutabilitas et mobilitas merito significantur ex quibus etiam quaedam prognostica medici infirmis denuntiare solent ab infirmitate minus vel amplius detinendis sive morituris. Quid est ergo radi a timpore in timpus, nisi
25 de temporalibus rebus et mutabilibus tollere appetitum et affectum, ita ut in appetitu raso radatur concupiscentia et in affectu raso radatur avaricia, illic in adquirendis, hic in adquisitis? Et quia hoc nostrum pariter et vestrum 86*a*

9] Eccli. 24, 31.

84

est, iccirco haec rasio nostra pariter et vestra est. Et quoniam certissime si hoc exhibemus centuplum, quod C significat, expectamus, ideo haec rasio figurata est in C.

ᥳ CAP. XLVI. *Quid significet tonsio.*

Tonsio autem quae partem tollit et partem relinquit 5 monstrat in rebus temporalibus usum superfluitatis abscindi debere et usum necessitatis retineri licere. Videtisne quia hoc aeque vestrum ut nostrum est, sicut haec tonsio aeque vestra ut nostra est? Denique haec tonsio oculos et aures detegit, quod et ab audiendo verbo dei usus 10 superfluitatis facit impedimentum et nichilominus oculos cordis obnubilat, ut qui hoc patitur nequaquam dicere valeat: "Oculi mei semper ad dominum." Id quoque notandum quod haec tonsio girans per circuitum transit frontem et perficit O, ut verecundiam monstret in usu 15 superfluitatis esse debere et ad illum qui finis est omnium solo usu necessitatis posse pervenire quod suae figura-
86*b* tionis perfectione monstrat O.

ᥳ CAP. XLVII. *De differentia forcipis et rasorii dupliciter assignata sensu morali.*

Videmus adhuc in hac tonsione aliud consideratione dignum quod haec disciplina quae forcipe fit, facilior 20 et suavior esse non ignoratur, sicut illa difficilior et asperior quae rasorio exhibetur. Et quis non videat quam levius sit et mitius usum superfluitatis abscindere, quam de corde appetitum et affectum rerum temporalium penitus abradere? Videtur quoque iocunda con- 25 sideratio, quare rasorium una tantum acie tam duriter

13] Psal. 24, 15.

85

et totum radicitus abradat, et forceps duabus aciebus
sibi obviantibus non totum sed partem auferat. In verbis
doctrinae et disciplinae, ut mihi videtur, est aliud quod
simplici denunciatione nociva et dampnabilia velut
5 rasorium prorsus abscidit, et est aliud quod quasi forceps
quibusdam allegationibus sibi obviantibus solam superfluitatem recidere satagit. Quasi rasorio utitur qui dicit: 87a
"Nolite diligere mundum, neque ea quae in mundo
sunt." Ille forcipe qui dicit: "Tamquam nichil habentes
10 et omnia possidentes." Videtis qualiter hic concurrunt
duo cultella in forcipe obviantes sibi, ac si dictum sit
ita: "Tamquam nichil habentes ad usum superfluitatis,
et omnia possidentes ad usum necessitatis."

ꝯ CAP. XLVIII. *Quod misterium coronae commune est*
monachis et conversis, vel clericis et laicis, sed ministerium
singulare.

Rasio postremo nostra superior ministerium nobis indicit
15 quod a vobis nos discernit, non quod misterium coronae
non sit nobis et vobis commune, sed quod de communi
misterio ministerium singulare nobis incombit. De
communi misterio vos aeque nobiscum in illa beata vita
ad gloriam et honorem coronas habituri estis, nos hic
20 electionis sorte pro singulari ministerio signo coronae 87b
sumus insigniti. Officium namque clericatus cuius
nomen, quod enim "cleros"=sors dicitur, hoc signum
proprie et principaliter exigit, ut nudatione verticis
ostendatur quod inter hanc sortem et dominum nulla
25 alia sors in terris media intercurrat. Et quia huic sorti
ex ordinis societate vincti estis, etsi non habetis coronam
sicut nos ex officii signo (habemus) habebitis tamen

8] I Epist. Joan. 2, 15.   9] II Cor. 6, 10.

86

nobiscum, quando pro meritis respondebunt praemia, et nos et vos gloria et honore coronabimur in illa beatitudinis vita.

ᵉᵈ CAP. XLIX. *Quid significationis habeat quod calvis sit tonsio sicut et rasio in C, cum non calvis sit tonsio in O.*

Unum est adhuc quod de tonsione retractandum videtur cuius figurationem in O littera girandam circulariter 5 diximus, quod utiquam secundum proprietatem huius tonsionis minime disconvenit. His autem qui calvi fiunt, 88*a* immo plene calvis cedit aliter. In his siquidem quia forceps per transitum frontis non invenit quid capiat, mutata est O in C, et factum est ut calvis sit tonsio sicut 10 et rasio in C, cum non calvis sit tonsio in O et rasio in C. Quod quid significationis habeat merito quaeritur. Si ad figurationem mali et ignominiae notam calvicium referatur, mutatur tonsionis O in C cum perfectio relabitur in imperfectionem et gloriae succedit igno- 15 minia. Unde et illud Ysayae: "Et erit pro suavi odore foetor, et pro zona funiculus, et pro crispanti crine calvicium."

Quod si quia Calvariae locus calvis deputatus est, calvicium gloriam crucis exprimit, non est malum sed 20 bonum O in C mutari, sed est de perfectione et plenitudine virtutum, quod O significat, ad praemium centupli pervenire, quod C figurat in calvicio. Videmus ergo in calvis C triplicatum, a novacula duo, a forcipe unum, 88*b* sicut in non calvis C unum et O duplicatum, a novacula 25 C et O, a forcipe medium O.

16] Isaias, 3, 24.

87

∾ CAP. L. *Quam considerationem habeat quod nec barba*
nec rasio barbae nullius litterae monstrat figuram.

Est item alia consideratio quod sicut barba nullam figurationem litterae habet, sic rasio barbae nullius litterae
monstrat figuram. Barba enim laicalis habitudinis et
illiteratae simplicitatis indicium est. Inde est quod in
5 clero decretum est, ut si quis comam vel barbam
nutrierit, anathema sit.

∾ CAP. LI. *De tribus proportionibus quatuor prae-*
dictorum, trium videlicet rasionum et unius tonsionis.

Videmus adhuc in his quattuor tres proportiones. Prima
proportio est quod sicut se habet primum ad secundum,
ita tercium ad quartum, ordine transposito. Secunda
10 proportio est quod sicut se habet primum ad tercium,
ita secundum ad quartum, ordine transposito. Tercia 89a
proporcio est quod sicut se habet primum ad quartum,
ita secundum ad tercium, ordine simili. In prima proportione sicut rasio barbae est nobis et non vobis, et rasio
15 a timpore in timpus est nobis et vobis, ita tonsio est nobis
et vobis et rasio coronae nobis et non vobis. In secunda
proportione sicut rasio barbae est nobis et non vobis et
tonsio est nobis et vobis, ita rasio a timpore in timpus
nobis et vobis et rasio coronae nobis et non vobis. In
20 tercia proportione sicut rasio barbae est nobis et non
vobis et rasio coronae nobis et non vobis, ita rasio a
timpore in timpus nobis et vobis et tonsio nobis et vobis.

5] Canon 44. Carthaginensis concilii III anni 398.

88

₰ CAP. LII. *Quid fiet de barbis et de tondendis pilis in futura vita.*

Queritis nec immerito, fratres, quid de vicissitudinibus harum dissimilitudinum vel similitudinum rasionis vel 89*b* tonsionis fiet in illa vita, si nos et vos aut pariter rademus barbas aut pariter illas non rademus, aut vos sicut modo raditis radetis, aut nos sicut modo non radimus non 5 rademus, aut nos rademus qui modo non radimus, aut vos non radetis qui modo raditis. Puto quod veraciter respondere possimus, quod neque nos neque vos barbas aut aliud quicquam radebimus ibi vel tondebimus. Relinquitur igitur una disiuncta et eius altera pars eli- 10 genda et confirmanda, aut videlicet nos et vos ibi cum barbis esse futuros, aut permansuros in imberbio, sicut hic ita et ibi sexui tantum femineo videtur convenire. Nam in masculino sexu sicut teste veritate capillus de capite non peribit, sic neque pilus barbae, ut quemad- 15 modum nullo suo honore et decore in capillatura privatur natura, ita nec in barba. Denique sicut nec ibi calvicium 90*a* erit, quin ad integritatem capillaturae redeat natura, ita nec eunuchi ibi erunt, vel infantes, vel pueri qui ad barbaturam non perveniant quam hic habuerant vel 20 fuerant habituri, si non fuissent morte praeoccupati, vel aliquo eventu contra barbas impediti. Si vero recipe- retur aliquomodo ut sicut in feminis ita et in viris permaneret barbarum privatio, minus id quidem hor- reret sensus contuentium, quam si feminae sicut viri 25 barbas essent habiturae. Nam et in clero et in viris religiosis, cum de recenti barbas radunt, non offendit

27] Cum in prioribus saeculis ecclesiae consuetudo de radendis sacerdotum barbis admodum variabilis fuisse videtur, XI saec. mos modernus barbarum rasarum praevaluisse dino-

oculos intuentium, et quod in feminis primo loco natura
monstrat decens et congruum sine barbis esse, in viris
e diverso consuetudo ipsa quasi secunda natura facit
videri non indecorum, si viri vultus habeant imberbes,
5 sicut et mulierum facies per naturam sunt imberbes.
   At tamen quia magnum omnino fovet sensum rationis 90b
si natura ius et ordinem suum conservet, ut in illa vita,
sicut nec in ista viri sine barbis non sunt et feminae
permaneant in imberbio, de cetero de statu barbarum
10 ad illam ultimam reparationem pertinentium aliquid
consideremus.
   Merito igitur queritur si cum barba et capilli et pili
et ungues superflua corporis sint, sicut astruunt fisici et
divini non contradicunt, illic iudicentur esse necessaria.
15 De humorum namque emanatione et emissione con-
tinua et ungues et pili barbae et capillorum nasci per-
hibentur et haec eadem indesinenter crescere frequens
probat decisio; nam et barba Arsenii propter assidui-
tatem crescendi omnino prolixa usque ad ventrem eius
20 pertingere dicta est, et quidam heremitae loco vestium
velamento capillorum utebantur. Inde fit ut quorundam
grennones ad aures usque magnitudine distenti vergant, 91a
voluntque qui eiusmodi sunt videri terribiles et feri, velut
aper de silva ex recurvato dente magno et horribili,
25 terribilis et ferus apparet.

ᵉ⸱ Cap. LIII. *Qualis erit status barbarum in illa vita.*
Numquid in illa vita ista assiduitas crescendi erit in barbis
aut in eiusmodi? Absit. Nam ubi non erit frequentia

scitur ex repetita promulgatione canonis Carthaginensis supra-
dicti p. 88 utin synodis Biturigensi et Lemovicensi anni 1031
et aliis.

recidendi, tondendi vel radendi, nec assiduitas erit crescendi. De mobili namque et mutabili erit transitus ad
fixum et stabile et erit status eternitatis in rebus glorificatis,
statu mutabilitatis cedente. Nam ea quae hic nunquam
in eodem statu permanent, illic modum stabilem et 5
fixum in statu eternitatis adipiscentur. Sic erit in barbis
ut illic talem modum adepturae sint, ut neque diminui
91b neque valeant augmentari. Tamque decentissimus erit
ille barbarum modus, ut et illarum perpetua sit munditia
et decora compositio et naturae status inviolabilis. Unde 10
propter ipsam munditiam non erit illis opus ablutione,
unctione vel pectine, nec propter decoram compositionem decisione vel excussione, nec propter statum
eternitatis formidandum erit de temporalis eventus
molesta incursione combustionis aut evulsionis aut ali- 15
cuius ceterorum.

Vos interim, fratres, dum barbas vestras propter munditiam abluitis et pectitis, cavete ne potius pellem caninam
quam barbam humanam lavetis vel pectatis. Timete proverbium illud: "Ablue pecte canem, canis est et permanet 20
idem." Item: "De cane quod canis est nec aqua nec
pectine tolles." In compositione barbarum talem decorem habere curate, ut neque curiositas vanos vos
92a efficiat, neque superbia reddat elatos. In natura barbarum opificem qui fecit illas considerate, ut si quid est 25
in illis quod displiceat, si reprehenditur quod displicet
de blasphemia plasmatoris culpa timeatur. Nam si
propter hoc itur ad tormenta, barba cum magna con-
fusione et sensu doloris ardebit et quam hic non sentit
concisionem vel combustionem, illic vermem sentiet et 30
ignem.

ๆ Cap. LIV. *Quibus barbae erunt ad penam et quibus ad gloriam.*

Dignum est namque ut quidquid est instrumentum ad culpam id ipsum materia sit ad penam et totum ardeat in Gehenne flamma cum sensu doloris quod fuit instrumentum iniquitatis. Multis autem est instrumentum
5 superbiae barba, vanitatis et lasciviae, quod longe superius satis monstratum est. Et sicut scriptum est "per quae peccaverit homo per hoc punietur", quod scimus evenisse in lingua divitis qui cruciabatur in flamma, id 92*b* ipsum evenire non dubitemus in barba. E diverso con-
10 stitutis in regno beatitudinis post gloriam resurrectionis ad sensum felicitatis et gaudii et exultationis barbae erunt, quibus usi sunt in hac vita ad signum et instrumentum religionis et maturitatis sapientiae et fortitudinis et decoris interioris.
15   Sed: "Vae barbatis debilibus et foedis, stultis et levibus et irreligiosis qui neque puellas neque pueros imberbes student imitari." Hinc illa beati Gregorii conquestio. Quid inquit nos barbati et debiles dicemus qui ire ad regna celestia puellas per ferrum videmus? Barbati,
20 inquit, et debiles, non barbati et fortes, quos ira superat, superbia inflat, ambitio perturbat, luxuria inquinat. Ne ergo in confusionem nobis vertatur quod barbati sumus, si barbati debiles inveniamur, convertamus ad studium 93*a* fortitudinis signa debilitatis contraria, ut in illa vita
25 barbae meliores receptae item etiam sint ibi nobis ad gloriae testimonium, quibus hic usi fuerimus ad virtutis instrumentum.

7] Sap. 11, 17.   8] Lucas, 16, 24.   15] Hunc locum in
S. Gregorio hucusque non repperi.

92

Sed sunt adhuc forte qui dicant, non esse opus in illa gloria resurrectionis hac humorum fumositate capillorum et barbarum pilositate, et satis esse ad felicitatis gloriam esse leves sicut Jacob et non esse pilosos sicut Esau. Sed respondetur quod non negatur Jacob habuisse capillos 5 aut barbam, sed in illis partibus levem et sine pilis esse, in quibus Esau ex corruptione et vitiositate naturae praeter consuetudinem aliorum pilosus erat et hispidus. Non enim Jacob pellibus edinis manus et colli nuda protexisset, nisi fratris sui Esau similitudinem exprimere 10 voluisset. Unde illic dictum est quod non cognovit eum

93*b* pater, quia pilosae manus similitudinem maioris expresserant. Sed quid contra obicientes frustra tam valide nitimur, qui de hac re a plasmatore capillorum et barbarum securitatem accipimus, cum suis martiribus 15 et in ipsis nobis dicit: "et capillus de capite vestro non peribit"? Nichil utique in reparatione illa perire potest, quoniam securitatem a domino etiam de capillorum (securitate) acceperunt martires et nos in ipsis. Unde est illud sancti Augustini: "Perit manus ubi non perit 20 capillus? Ubi non perit palpebra, perit oculus?" Hinc et nos dicimus: Perit barba, ubi non pereunt pili neque capilli? Hac ergo magna securitate salvatorem expectamus dominum nostrum Jhesum Christum qui reformabit corpus humilitatis nostrae configuratum corpori 25 claritatis suae. Quando? Quando occurremus omnes in unitatem fidei, in vitam perfectam, in mensuram aetatis

94*a* plenitudinis Christi, et recipiemus claritatem corporum cum integritate partium, et ornamentis earum in pilis et capillis et barbis.   30

16] Lucas, 21, 18.

ద CAP. LV. *De claritate et gloria barbarum post hanc vitam.*

Quae ergo erit claritas et gloria in barbis? Illa quae et in capillis. In Apocalipsi videntur capilli capitis candidi velut lana alba. Nunquid et barbae non erunt candidae velut lana alba? Si in claritate illa et gloria fulgebunt
5 iusti sicut sol, vel etiam erunt candidiores nive, nitidiores lacte, quam candidae, quam fulgidae putatis erunt barbae? Quando iustus germinabit sicut lilium et florebit in eternum ante dominum, quales erunt barbae candentibus liliis comparatae? Et quid florebit in eternum
10 ante dominum? quid erit nisi perpetua claritas in ornamentis capillorum et barbarum? Cum in transfiguratione Christi facies eius resplenduit sicut sol, et vestimenta eius facta sunt alba sicut nix, quid nobis praefiguravit 94*b* nisi corpus humilitatis nostrae configurandum corpori
15 claritatis suae et decorandum ornamentis suis in pilis et capillis et barbis? Si tanta fuit gloria in vultu Moysi ut filii Israel non possent intendere in faciem eius propter claritatem et gloriam vultus eius quod evacuatur, quanto magis illa nostra claritas et gloria in faciebus nostris
20 splendida erit et fulgida et candida in barbis nec evacuabitur? Propterea barbae non peribunt nec finientur fine quidem consumptionis quia fine consummationis perficientur et consummabuntur. Et sicut in mirifica clarificatione et glorificatione vultuum lucebit agnitio unitatis,
25 ita, quia barbae maiorem occupant partem facierum magnum dabunt cognitionis amminiculum, ut statim cuius videbitur barba eius in dubium non possit (venire barba) *cetera desunt.*

2] Apoc. 1, 14.   7] Osee, 14, 6.   12] Math. 17, 2.
18] II Cor. 3, 13.

94

INDEX

Verborum inusitatorum aut rariorum (quae italicis literis distinguuntur) nominum propriorum, rerum notabilium etc. quotquot in hoc tractatu inveniuntur.

Cambridge: Printed by W. Lewis, M.A., at the University Press

University of British Columbia Library

DATE DUE

FORM No. 310

CPSIA information can be obtained
at www.ICGtesting.com
Printed in the USA
BVHW050848080223
658122BV00003B/34